O QUE A GENTE COME

histórias e receitas do que aparece no seu prato

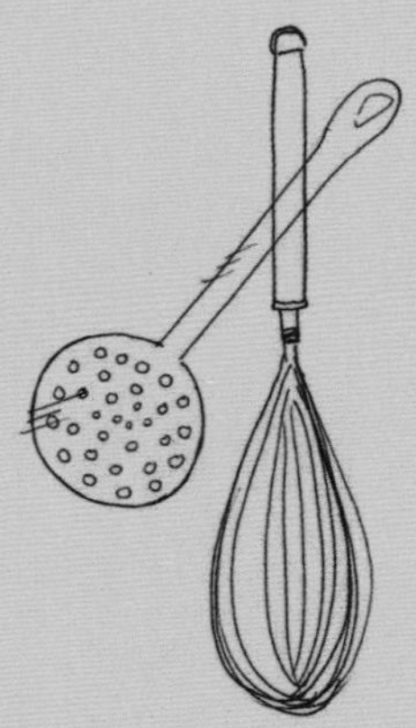

O QUE A GENTE COME

histórias e receitas do que aparece no seu prato

Clarice Uba

Ilustrações:
Felipe Tognoli

Receitas:
Piero Franchini

Fotos:
Daniela Berzuini

LUME livros

Nada é tão humano quanto cozinhar. Pense nisso: de todos os bichos no planeta, só os humanos cozinham. Outros bichos sonham, se comunicam, têm linguagem e até usam ferramentas, mas só a gente prepara a nossa comida.

Cozinhar e comer unem todos nós: aqui no Brasil, nas planícies da Mongólia, nas praias do Caribe e nas cidades do mundo todo, tem gente agorinha mesmo escolhendo um alimento, cozinhando alguma coisa e dividindo uma refeição com amigos ou familiares.

Nós somos os bichos que cozinham, e o que e como a gente come, não acontece por acidente. Tudo o que aparece no seu prato tem uma história: pense só no tomate, que apareceu primeiro aqui na América do Sul, foi para o México, de lá para a Europa e agora está aqui, de volta no seu prato, como uma salada ou um molho para um macarrão. Descobrir um pouco mais sobre a sua comida também é descobrir sobre as pessoas que vieram antes de você: a história de cada alimento (e o jeito de preparar esse alimento!) caminha juntinho com as andanças que nós, os humanos, fizemos e ainda estamos fazendo pelo mundo.

Este livro traz a história de algumas coisas que a gente come aqui no Brasil. Nenhuma dessas histórias é reta, elas têm curvas, vão de um lugar para o outro, e um monte de gente faz parte de cada uma delas. E depois que você conhecer um pouco mais a sua comida, por que não entrar na cozinha?

Aqui também tem várias receitas com os alimentos do livro, algumas suuuper antigas, outras novinhas, mas todas deliciosas e divertidas.

Vamos começar mais essa viagem?

ÍNDICE

BRÓCOLIS

O brócolis é um vegetal que aparece na nossa mesa de tempos em tempos.

Talvez você não goste muito dele – não é que o brócolis seja ruim, é que ele tem um sabor um pouco mais forte e pode parecer um pouco estranho na primeira vez que você experimenta.

Mas o brócolis existe há muito tempo e se ele durou tanto é porque alguma coisa de bom deve ter.

Quem inventou o brócolis?

Esse vegetal que parece uma árvore na verdade é um parente do repolho. Tanto o brócolis como o repolho que a gente come hoje são descendentes de uma mesma planta chamada "repolho selvagem".

As pessoas que estudam história antiga (como os arqueólogos) acreditam que há uns 3.000 mil anos os etruscos, um povo que morava na região onde hoje é a Itália, começou a cultivar o tal do repolho selvagem. Os etruscos eram muito bons de agricultura – eles sabiam modificar e escolher as plantas para elas produzirem mais e mais das partes que eles achavam boas de comer.

O repolho selvagem é um campeão de criar outras plantas! O nosso repolho, a couve, a couve-flor e a couve-de-bruxelas são todos descendentes dele. E mesmo tendo caras diferentes, o gosto de todos esses vegetais tem alguma coisa de parecido.

Dá para comer o repolho selvagem quase inteiro (que ainda existe e você pode comer até hoje!), mas as flores são especialmente gostosas. Então os etruscos foram escolhendo as plantas com mais flores, até que chegou num ponto em que no meio da planta tinha um monte de flores em botão uma do lado da outra. Adivinha o que são essas flores?
O brócolis!

Como os etruscos viviam em uma região em que passavam comerciantes de todo o Mediterrâneo, várias invenções deles foram se espalhando pelo mundo antigo. O brócolis foi uma dessas: em pouco tempo (lembre-se que para a história pouco tempo podem ser centenas de anos!) tinha gente comendo brócolis na Grécia, no Oriente Médio, na Ásia e no sul da Europa.

Os romanos que viveram na Itália bem depois dos etruscos continuaram comendo brócolis, que eles adoravam! Foram eles que criaram a variedade que a gente chama de "ninja" aqui no Brasil (apesar de ser da região da Calábria, na Itália. De japonês não tem nada.). Esse vegetal já aparece num livro de receitas do escritor romano Apicius do século 1: cozido e temperado com cominho, sementes de coentro e um pouco de vinho e azeite de oliva.

Dizem que um dos filhos do imperador romano Tiberius gostava tanto de brócolis que passou 2 meses comendo só esse vegetal preparado de várias maneiras diferentes. Ele só parou quando começou a fazer xixi verde e tomou uma bela bronca do pai. Até coisas saudáveis podem fazer mal se você comer demais.

Por muito tempo o brócolis só era comido perto do Mediterrâneo. Os ingleses e franceses, por exemplo, só experimentaram brócolis lá pelo século 18, e desses países ele se espalhou para o mundo todo. Pense só que, cada vez que chegava em um novo lugar, o brócolis era considerado uma comida exótica e diferente.

Aqui no Brasil o brócolis chegou (provavelmente) com os imigrantes italianos que vieram para cá entre 1880 e 1930. Eles tinham o costume de consumir muito mais frutas e vegetais do que os brasileiros na época, e mesmo os que moravam nas cidades gostavam de ter hortas em casa. Muitos outros vegetais que a gente come hoje em dia, como a abobrinha, também foram popularizados pelos italianos e suas hortas. Mas também foram eles que trouxeram a pizza e a macarronada para cá!

O sucesso do brócolis não é só porque ele é engraçado e parece uma flor. Esse vegetal é cheio de vitaminas e fibras e tem um sabor bem dele. Além disso, o brócolis pode ser preparado de várias maneiras diferentes e com vários temperos diferentes. Por isso esse vegetal dura até hoje e faz parte da comida de quase todas as pessoas em quase todo o mundo.

Brócolis e outros parentes do repolho também têm um efeito colateral: eles são campeões de fazer você soltar pum fedido.

Quando você vai comprar brócolis, tem duas variedades principais para escolher: o brócolis ramoso, que é mais comprido, e o brócolis ninja – aquele menorzinho e mais parecido com uma couve-flor. Os dois têm que estar bem verdinhos e firmes e sem as folhas murchas (alias, dá para comer as folhas do brócolis também, elas têm um gosto parecido com couve ou repolho). Se olhar bem de perto, vai conseguir ver que as bolinhas na ponta dos brócolis são as tais flores do vegetal.

BETERRABA

A beterraba é uma comida engraçada. Sai da terra marrom e é roxa por dentro. A cor dela é tão forte que mancha a mão só de pegar, e ela é... doce? Estranho um vegetal doce? Na verdade dá para fazer açúcar de beterraba, e esse docinho dela pode ir muito bem em pratos salgados também.

A tinta da beterraba é tão forte que pode sair no cocô. É bem estranho fazer um cocô vermelho, mas não faz mal nenhum.

Desde antes de (quase) tudo

As pessoas comem beterraba – ou os parentes selvagens dela – há muitos milhares de anos, desde a pré-história. Arqueólogos (as pessoas que estudam como as pessoas viviam muito tempo atrás) acharam restos de beterrabas no norte da Holanda, em uma área que foi habitada há pelo menos 4.000 anos, e perto de Tebas, no Egito. Esses dois lugares são bem longe um do outro, mas o parente selvagem da beterraba crescia em toda a costa mediterrânea e na Europa, e as pessoas comiam as folhas dessa planta, não a raiz.

Aliás, você ainda pode comer as folhas da beterraba, são muito gostosas!

Babilônia foi uma cidade muito rica e muito importante durante centenas de anos, onde hoje é o Iraque. Existem muitos textos antigos que dizem que os imperadores dessa cidade construíram jardins lindos nos tetos e nas paredes de alguns edifícios, mas nunca achamos nenhuma prova como uma ruína ou mesmo um texto do mesmo período que confirmasse isso.

Quando as pessoas começaram a se organizar em cidades, levaram a beterraba com eles. Dizem que havia beterrabas nos jardins suspensos da Babilônia (que não se sabe mesmo se existiram) lá pelos anos 800 antes de Cristo, e os gregos não só comiam as folhas dessa planta como ainda usavam a beterraba de remédio.

Apesar dos gregos não comerem a raiz da beterraba, ela tinha muito valor: eles queimavam a raiz da beterraba como uma oferenda para o deus Apolo.

E não eram só os gregos que usavam a beterraba como remédio. Os romanos também adoravam as folhas da beterraba e plantavam muito dela – mas eles praticamente só comiam as raízes como um remédio. Eles usavam a raiz como um laxativo (para curar prisão de ventre) ou até para curar febres. Nessa época a raiz da beterraba era bem diferente da que a gente come hoje em dia. Ela era bem mais comprida e parecida com uma cenoura.

Os romanos gostavam tanto de salada de folha de beterraba que se deram ao trabalho de inventar novos jeitos de plantar esse vegetal para poderem comer o ano todo.

Depois dos romanos a beterraba continuou conhecida na Europa, mas as pessoas não costumavam comer a raiz. Ela era mais usada para comida de animais e como remédio para doenças do sangue (talvez por ela ser vermelha?).

Foi só lá pelo século 16 que surgiram beterrabas mais parecidas com as que a gente come hoje em dia. As primeiras beterrabas "modernas" surgiram ou na Itália ou na Alemanha, mas demorou um bocado para a moda pegar. Os países do norte e nordeste da Europa foram os primeiros a comer muita beterraba, porque ela era fácil de estocar para o inverno e ainda virava um picles muito bom. Em lugares frios, coisas coloridas e diferentes valem muito para deixar a comida do inverno mais divertida e nutritiva.

Mas não foi só nessas áreas geladas que a beterraba brilhou: logo, logo ela estava sendo consumida em toda a Europa, principalmente assada ou em sopas, ou até como corante para deixar outras comidas vermelhas. E você já reparou em como a beterraba é docinha? As pessoas que a comeram antes de você também – e elas aprenderam a fazer açúcar da beterraba (até hoje se faz esse tipo de açúcar, aliás).

A beterraba que a gente come hoje em dia tem mais ou menos 3% de açúcar. No século 18 existiam tipos de beterraba que chegavam a 20% de açúcar – praticamente um doce enterrado.

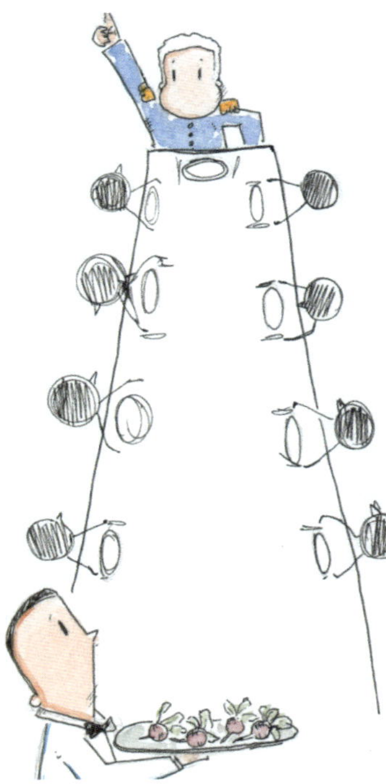

Aqui no Brasil a beterraba provavelmente chegou junto com a família real portuguesa, que veio fugida para cá em 1808. Como essa planta gosta de climas temperados (nem muito quente, nem muito frio), ela praticamente só é plantada de São Paulo para baixo – mas se come beterraba em todo o país.

CENOURA

Todo mundo conhece cenoura – essa coisa laranja que cresce embaixo da terra e que pode tanto ir ná salada como virar um bolo delicioso! Mas a cenoura nem sempre foi laranja e, apesar de estar com a gente há muito tempo, nem sempre foi comida!

Remédios coloridos

A cenoura que a gente come hoje é uma descendente da "cenoura selvagem" – uma planta com uma raiz bem menor, mais dura e de gosto mais forte que a nossa cenourinha, e ela também é branca!

Parece que essa planta apareceu primeiro onde hoje é o Afeganistão, e porque lá é um lugar de passagem as sementes foram se espalhando pelo mundo. Apesar de ter sementes e pólen desse tipo de cenoura em tudo quanto é lugar a partir de uns 5.000 anos atrás, parece que as pessoas não usavam a raiz – elas comiam as sementes e as folhas dessa planta e ainda usavam essas partes mais como remédio do que como comida.

Em alguns templos do Egito existem pinturas de 4.000 mil anos atrás de um vegetal que parece uma cenoura (roxa). Também existem papiros dessa época (papiros eram os livros dos egípcios) que falam de tratamentos médicos que podem ser feitos com as sementes da cenoura.

Por muito tempo esse foi o principal uso da cenoura: remédio. Os gregos já cultivavam essa planta para tratar um monte de problemas. Existem escritos de 2.300 anos atrás que falam de onde vinham as melhores cenouras da Grécia (de Esparta) e do que se podia fazer com as sementes delas (tratar mordidas de lagartos e um tônico contra venenos).

Apesar de serem grandes jardineiros, os gregos antigos nunca conseguiram (ou talvez nunca quiseram) fazer uma cenoura boa de comer. Já os romanos comiam algumas variedades de cenoura – elas aparecem no livro do Apicius (lembra dele?) e em alguns murais. Mas a gente não sabe o quanto essa cenoura romana era parecida com a que a gente come hoje em dia, e com certeza não era uma das principais coisas que eles comiam – mesmo assim os romanos levaram essa planta por todo o Império e ela chegou até na Inglaterra!

Enquanto isso, no Afeganistão, a cenoura continuou importante e foi lá que as pessoas começaram a plantar cenouras para comer mesmo – não para remédio –, e ela era roxa! Lá pelo século 9 os persas e outras pessoas dessa região estavam craques em plantar cenoura, e a raizinha se espalhou para o Leste (China, Índia e até Japão) e para o Oeste (levada pelos árabes).

A cenoura se espalhou tanto porque essa região do Afeganistão ficava bem no meio de caminhos de comércio. Caravanas e mercadores passavam de um lado para o outro levando coisas para vender.

Naquela época, o que hoje é a Espanha fazia parte do mundo árabe, e os árabes tinham comércio com muitos outros povos. Provavelmente, essa versão cultivada da cenoura se espalhou pela Europa via Espanha – o que significa que ela deu uma volta enorme pelo Oriente Médio e pelo norte da África antes de chegar lá.

Depois que o Império Romano caiu, a maior parte da Europa ficou isolada: ela tinha pouco comércio e pouco contato com pessoas de lugares distantes, por isso algumas vezes esse período da história europeia é chamado de Idade Média, ou Idade das Trevas (também não chegava a tanto...). Mas durante essa época o mundo árabe estava a toda: foram eles que mantiveram rotas de comércio abertas e fizeram várias descobertas científicas que nós usamos até hoje.

Essas primeiras cenouras na Europa eram roxas e amarelas, e elas caíram no gosto das pessoas porque eram fáceis de plantar, duravam bastante e podiam ser guardadas para o inverno (lembra que por muito tempo "o que comer no inverno" era um problema para muita gente?). Elas também eram usadas como remédio para tratar de tudo – até dor de dente!

E do mesmo jeito que hoje, a cenoura já era danada naquela época: ela era assada, cozida, virava sopa, virava salada e virava até bolo! E como ela combina com um monte de temperos diferentes, a cenoura é um verdadeiro coringa na cozinha.

E a nossa cenoura laranja? É o resultado da mistura da cenoura roxa com a amarela – e ela caiu nas graças primeiro dos holandeses (porque laranja é a cor oficial do país) e depois virou moda no resto da Europa. Até pouco tempo atrás na Ásia ainda se comia muito mais a cenoura roxa do que a laranja.

Tudo indica que o Brasil foi o primeiro país da América Latina a ter cenouras – no século 17, trazida pelos portugueses. Desde aquele tempo ela faz parte do nosso cardápio – e hoje em dia dá para achar cenouras de todas as cores aqui também.

BERINJELA

A berinjela é um tipo de fruto que não é doce e que ninguém iria querer comer cru. Ela parece um pouco uma esponja por dentro, e é até meio amarga – mas exatamente porque a berinjela é meio esponja que ela é tão querida: tudo que você jogar ela "chupa" e pega o gosto. Esse fruto é um grande amigo dos temperos!

Que nome é esse?

Os primeiros registros de uma coisa que parece berinjela aparecem em textos escritos em sânscrito (que era uma língua falada onde hoje é a Índia muito tempo atrás) há mais ou menos 2.500 anos. Nessa língua a berinjela se chama *vaatingan*. Um pouco depois, ela aparece em outra língua também da Índia, o hindustani, como *badanjan*. Aí, em persa (a Pérsia ficava onde hoje é o Irã), ela chama *baadangan* ou *badenjan*, que virou *bedengian* em árabe, que virou *berenjena* em espanhol, que virou *berinjela* em português.

E hoje em dia o nome da berinjela na Índia é *brinjal*, que vem do nome português *berinjela*.
E por que todos esses nomes são importantes? Porque seguindo a viagem da berinjela (e dos nomes dela) por aí a gente consegue ver muito da história do comércio, dos grandes impérios e das viagens pelo mundo.
A berinjela começou a ser cultivada na Índia e sudeste asiático há pelo menos 2.500 anos, mas talvez até antes.
Não se sabe ainda qual planta selvagem deu origem a ela, mas muitos estudiosos acham que pode ter sido até uma planta africana (olha como a berinjela é viajante!).

As berinjelas cultivadas se espalharam pelo Oriente, e a gente conhece textos chineses de 2.200 anos atrás que já falavam do cultivo de berinjela e de como ela podia ser usada como remédio. Mais ou menos nesse período ela chegou na Coreia e no Japão, e tem muitos desenhos da época mostrando diferentes tipos de berinjela.

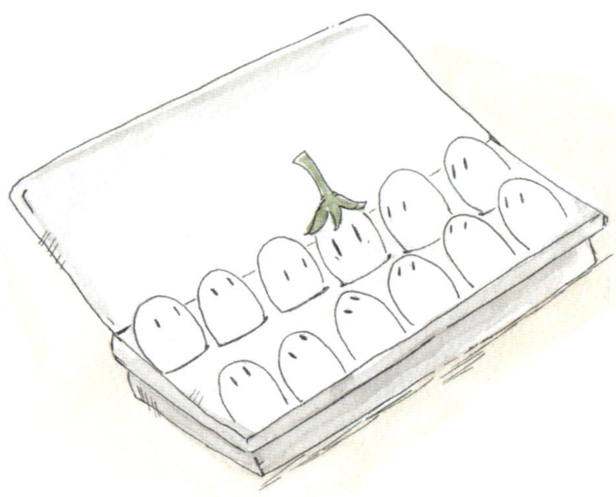

Existem muitos tipos diferentes de berinjela: o nome da berinjela em inglês é *eggplant* (planta-ovo), porque as primeiras berinjelas que os ingleses viram foi na Índia, de uma variedade que é branquinha e redondinha como um ovo.

Os persas e árabes também caíram de amores por essa planta. Na Pérsia já tinha gente escrevendo sobre ela lá pelos anos 900, apesar dela provavelmente já ser cultivada bem antes disso. Os árabes gostavam tanto dela que levaram a berinjela para vários lugares que conquistaram até ela chegar no sul da Espanha lá pelos anos 1.100, só aí que os europeus foram conhecer a berinjela.

Durante muito tempo, a Espanha foi dominada pelos árabes, e esse povo trouxe um monte de comidas, tecnologias e conhecimentos para a Europa.

A berinjela começa a se espalhar pela Europa lá pelos séculos 13 e 14 – ela aparece em textos alemães e italianos desse período – mas não era vista com muita empolgação fora da Espanha. Como ela tem um gosto amargo, muita gente achava que ela podia ser venenosa (não é, nem um pouquinho), então preferiam plantar berinjela no jardim porque achavam a planta bonitinha.

O nome para berinjela em italiano é *melanzana*, que pode ter vindo de uma expressão em latim – *mala insana*, que quer dizer "maçã da loucura". Além de acharem a berinjela venenosa, tinha quem acreditasse que comer berinjela poderia levar à loucura (não é verdade!).

Com o passar do tempo, ela foi sendo aceita como comida, primeiro em lugares mais quentes como Portugal, porque a berinjela gosta de calor e cresce bem nessas regiões. Lá pelo século 16, a berinjela já fazia parte do cardápio de muita gente na Itália, onde também é quente.

No finalzinho do século 16, os portugueses acharam um caminho pelo mar até a Índia. Isso era importante porque assim eles podiam trazer os temperos indianos para vender na Europa. Na Índia uma das coisas que eles comeram foi um fruto que já conheciam muito bem – a berinjela! E o nome da berinjela na Índia acabou mudando e ficando parecido com o nome que os portugueses usavam.

Em lugares mais frios, a berinjela demorou para pegar: só chegou na França lá pelo século 18, mas depois disso virou uma estrela da cozinha em vários lugares.

No Brasil, a berinjela chegou com os imigrantes árabes, que vieram para cá do Líbano e da Síria no final do século 19. Hoje em dia está cada vez mais fácil achar tipos diferentes de berinjela para comprar, e que bom! Apesar de parecidas, cada uma delas tem o seu charme.

BATATA

A batata, que você já deve ter comido várias vezes na vida e que nunca deve ter chamado muito sua atenção, é um alimento incrível que mudou a história do mundo. Esse tubérculo (não é uma raiz!) cresce em quase qualquer lugar, é supernutritivo, e mudou a maneira como as pessoas comem em quase todos os lugares.

A superbatata

A batata apareceu em um lugar bem esquisito para uma superplanta: nos Andes – pelo que tudo indica, perto do lago Titicaca, que fica na fronteira entre a Bolívia e o Peru. A planta que deu origem à batata era bem menor, mais amarga e provavelmente venenosa – como alguém olhou para ela e pensou que valia a pena investir e, mais ainda, como conseguiram domesticar até virar batata, é um mistério, mas as pessoas dos Andes fizeram isso há mais de 7.000 anos.

E por que os Andes são um lugar esquisito para uma superplanta? Porque são a maior cadeia de montanhas do mundo, tem neve, tem vulcão ativo e é tão alto que as temperaturas vão de 25 graus a abaixo de zero em algumas horas. Mesmo assim várias civilizações cresceram lá – enquanto os egípcios estavam fazendo as pirâmides do outro lado do mundo, os andinos construíam templos e estradas, e a batata ajudou muito nisso.

E essa batata andina era bem diferente da batata branquinha que a gente come hoje em dia. Lá se plantavam vários tipos diferentes de batata em cada vila – umas um pouco mais altas, outras um pouco mais baixas na montanha – e tinha tipos diferentes de batata que eles plantavam juntas, um caos colorido e subterrâneo.

Ainda existem muitas variedades de batata: roxas, pretas, vermelhas, compridas, enormes e redondinhas. Mas essas variedades não são tão fáceis de achar fora do Peru ou da Bolívia.

A batata ficou escondidinha nos Andes por muitos milhares de anos, até a chegada dos espanhóis em 1532 – nessa época quase todo o território andino era dominado por um império que você já deve ter ouvido falar: o Inca. Para os incas o encontro com os espanhóis foi uma catástrofe, muita gente morreu de doenças com as quais nunca tinham tido contato e que os europeus levaram, e os que sobraram ainda foram dominados por aqueles barbudos estranhos e com armas que ninguém nos Andes tinha visto.

Para as pessoas da América inteira, a chegada dos europeus foi horrível, mas, mesmo não sendo consolo nenhum, desse encontro o mundo inteiro começou a trocar conhecimento, cultura e, claro, comida.

Uma dessas foi a batata, que os espanhóis comiam meio contra a vontade nos Andes, mas que levaram de volta para casa como uma curiosidade por volta de 1570. E ainda foram deixando esse tubérculo pelo caminho: em 1565 já tinha batata nas Ilhas Canárias.

Um dos grandes trunfos da batata é ela crescer embaixo da terra – o que significa que ela pode ficar enorme sem quebrar a planta de onde cresce. Em 2008 um fazendeiro libanês desenterrou uma de 25kg – maior que a cabeça dele.

Ninguém na Europa queria comer aquele tubérculo torto e esquisito que veio do outro lado do mundo. Mas como ela cresce em qualquer lugar, em qualquer temperatura e pode ficar enorme debaixo da terra, muitos governantes tentaram fazer a batata pegar.

Durante muito tempo, a Europa sofreu com falta de comida. Um ano em que chovia menos ou mais, ou um ano em que guerras destruiram os campos, e as plantações já não davam conta de alimentar a população. Entre 1500 e 1800, a França teve 40 grandes fomes, mais que uma por década, e muita gente morria em cada uma delas. A chegada da batata, que é superprodutiva, aliviou muito esse problema e salvou muita gente

O que fez as pessoas encararem a batata pra valer foram as guerras – este era um período em que a nações europeias entravam em guerra com frequência e muitos exércitos começaram a usar as batatas para alimentar os soldados. Com isso e com um empurrãozinho de alguns governantes, o povo foi aceitando a batata e caindo de amor por ela.

Em 1744 Frederico, o Grande, da Prússia, viu que a batata podia ser a saída para salvar a população dele da fome, mas nenhum camponês queria comer aquilo de jeito nenhum. Então, ele pensou em um truque: Frederico fez uma plantação de batatas e colocou soldados reais para protegê-la. As pessoas que passavam por ali chegaram à conclusão de que alguma coisa que tinha tanto guarda protegendo devia ser valiosa, e roubaram as mudas de batata! O que era exatamente o que Frederico queria.

O problema é que na Europa as plantações de batata eram todas feitas de clones. Ao invés de usar sementes como os andinos faziam, os europeus picavam algumas batatas e replantavam esses pedaços (a maioria das plantações de batata ainda é assim). Isso é mais fácil, mas mais perigoso: como as plantas que nascem são todas iguais, quando alguma doença atinge a plantação, ou todas sobrevivem ou todas morrem.

Isso aconteceu na Irlanda em 1845. Os irlandeses eram dependentes da batata, e quando uma praga atingiu as plantações, muitos morreram de fome ou tiveram que fugir da Irlanda para outros países, como os Estados Unidos.

E no Brasil? Mesmo sendo uma comida de origem latino-americana, e praticamente nossa vizinha, a batata teve que ir para a Europa para depois chegar no Brasil, trazida por imigrantes europeus no final do século 19. E que bom que a gente tem a batata, que é gostosa, fácil de preparar e ainda faz bem pra gente! Mas vale a pena pesquisar um pouquinho e tentar achar as batatas peruanas e andinas, e comer um pedacinho da nossa história da América do Sul.

REPOLHO

Aqui no Brasil a gente come pouco repolho, mas esse parente do brócolis merecia mais amor da nossa parte. Esse vegetal que parece um bola em camadas é um amigo dos lugares frios e, apesar de ser bom cru, é uma delícia mesmo cozido ou transformado em uma conserva muito especial.

O amigo do inverno

O repolho é um descendente da mesma planta que virou o brócolis, lembra dela? Essa plantinha danada é a origem de um monte de vegetais diferentes que alegram a cozinha do mundo todo.

O repolho é um desses "filhotes" do repolho selvagem. Ele apareceu na Europa mais ou menos junto com o brócolis, há uns 3.000 mil anos, lá perto do Mar Mediterrâneo e logo caiu no gosto dos povos antigos da região.

O repolho asiático (que a gente chama de "acelga chinesa") é descendente de um outro parente do repolho selvagem. Os chineses e outros povos asiáticos também domesticaram essa planta há milhares de anos, antes dos europeus, e o resultado é bem parecido com o nosso repolho.

Os gregos amavam repolho e achavam que ele era bom para curar ressaca. Os romanos também eram fãs, tão fãs que levaram o repolho com eles quando foram dominando a Europa – foram achadas sementes de repolho (ou de algum parente muito próximo) em um forte romano de mais de 2.000 anos no norte da Inglaterra.

Mas esses repolhos antigos eram diferentes dos que a gente come hoje em dia: eles eram mais parecidos com couves – o repolho branquinho e bem redondinho é uma variedade que foi desenvolvida no norte da Europa. As descrições mais antigas desse tipo de repolho são de autores alemães de quase 1.000 anos atrás.

Apesar do repolho ter começado em uma região meio quente, ele se deu muito bem em regiões frias e virou parte da comida desses lugares, mesmo os ricos torcendo o nariz para ele. Porque o repolho é barato e fácil de cultivar, por muito tempo era considerado comida de segunda, o que é uma besteira enorme. Além de delicioso, o repolho faz muito bem e até já salvou a vida de muita gente!

No século 16 os europeus começaram a navegar pelo mundo (foi quando eles chegaram até a Índia e as Américas) e descobriram que ficar muito tempo num navio causava uma doença terrível: o escorbuto. As pessoas têm essa doença por falta de vitamina C, que a gente absorve comendo frutas e verduras frescas, mas que eram impossíveis de levar numa viagem longa de navio que podia durar meses só no mar, sem parar em terra firme. Antes, essa era uma doença rara, mais de inverno e de pessoas mais pobres, mas entre o século 16 e o 18, mais de 2 milhões de marinheiros morreram disso.

Mesmo não tendo a menor ideia do que eram vitaminas, muitos cientistas do período já haviam notado que o escorbuto tinha alguma coisa a ver com a falta de comidas frescas. Tanto os marinheiros quanto esses cientistas sabiam que a melhor cura para o escorbuto era uma temporada em terra firme comendo muita fruta.

O que salvou os marinheiros foi o chucrute! Um prato feito de repolho fermentado muito comum no norte da Europa. Os marinheiros holandeses levavam barris de chucrute nos navios (porque eles gostavam mesmo) e quase nenhum tinha escorbuto. Outras pessoas começaram a prestar atenção no que os holandeses estavam fazendo de diferente e, no século 18, já era comum levar chucrute em viagens longas como a do Capitão James Cook – o primeiro europeu a chegar na Austrália.

O chucrute tem mais vitamina C que o repolho fresco. O que faz com que ele fermente e vire conserva são algumas bactérias, bichinhos minúsculos que comem um pouquinho de todo aquele repolho e depois soltam vitamina C. Ter bactéria nas coisas é normal, você tem um monte dentro do corpo agora mesmo.

Também é no chucrute que a história do repolho europeu e do chinês se encontram. A técnica de fermentar repolho já era usada na China e em outros países da Ásia há milhares de anos – dizem até que trabalhadores na muralha da China comiam esse prato no inverno, quando não era fácil achar comida fresca.

No século 13, uma grande parte da Europa foi invadida pelos mongóis, um povo guerreiro da Ásia que estava dando muita dor de cabeça ao mundo nessa época. E junto com eles veio a técnica oriental de fermentar repolho. Como os mongóis ficaram mais no leste e no norte da Europa, as pessoas dessa região acabaram pegando o jeito de fazer esse prato que virou o chucrute.

As primeiras receitas de chucrute aparecem no século 16 (mas já devia ser feito bem antes disso) e são muito parecidas com a maneira tradicional de se fazer *kinchi* – picar e salgar o repolho, acrescentar temperos e enterrar num pote no chão. O engraçado é que hoje em dia o kinchi é feito com pimenta, que veio da América. Quer dizer que o chucrute alemão (sem pimenta) deve ser bem mais parecido com o que os mongóis comiam do que o kinchi que os coreanos comem hoje em dia.

O kinchi é um prato típico das duas Coreias, um repolho fermentado que pode ser guardado por todo o inverno. A receita de kinchi de cada família é um segredo que passa de pai para filho, e os coreanos gostam tanto de kinchi que quando o primeiro astronauta coreano foi para o espaço em 2008, ele levou esse prato para comer na estação espacial.

No Brasil o repolho deve ter chegado com os imigrantes alemães que vieram para cá no século 19. Mesmo aqui sendo bem menos frio que no norte da Alemanha, ainda vale a pena experimentar essa bolinha de folhas que é tão importante para a cozinha e a cultura de tanta gente.

TOMATE

Se alguém perguntar para você de onde vêm os tomates, ou de onde vêm os melhores tomates, o que você vai responder? Provavelmente da Itália (e isso pode ser verdade no caso dos melhores tomates hoje em dia). Mas, na verdade, essa fruta vermelha é daqui da América do Sul! O coitado do tomate rodou o mundo até cair nas graças dos italianos, e foi quando eles se encontraram que uma das cozinhas mais deliciosas do mundo nasceu.

Tomate e Itália, uma história de amor

A primeira vez que um europeu viu um tomate foi no México, quando os exércitos do explorador Cortez dominaram os astecas que viviam lá no ano 1520. Claro que isso não foi um episódio bonito da história – assim como nos Andes, os espanhóis mataram muita gente e destruíram muita coisa que existia na região, mas no processo acabaram entrando em contato com comidas que nunca tinham visto e levando esses alimentos de volta para casa.

O tomate foi uma dessas, e mesmo sendo cultivado pelos astecas há mais de 2.000 mil anos, essa plantinha danada também não era de lá!

Os astecas também cultivavam um parente do tomate chamado tomatillo, que é natural da América Central e que eles comiam até mais do que o tomate. Os europeus também levaram o tomatillo de volta, mas ele nunca caiu no gosto popular e não se sabe muito bem o porquê.

O tomate é originário de regiões montanhosas na costa do norte do Chile, Peru e Equador, onde ainda dá para achar a planta selvagem – que aliás não é nada impressionante, esses tomatinhos são do tamanho de uma ervilha e muito ácidos.

Pelo que tudo indica, nem os povos dessas regiões queriam comer o tomate, mas de algum jeito (que nós não sabemos) ele foi levado até a América Central, para a terra dos maias, que domesticaram e melhoraram a planta (também não sabemos como). Os maias acabaram passando esse tomate melhorado para os vizinhos do norte, os astecas. E tudo isso estava acontecendo alguns milhares de anos atrás!

O começo da vida do tomate na Europa foi complicado. Quase todos os cientistas achavam que ele era venenoso (o que até faz sentido: a planta do tomate pode ser venenosa, mas a fruta não é). Então, mesmo chegando na Europa nos anos 1500, o tomate só foi ficar popular como comida lá pelos anos 1800, e mesmo assim em lugares quentes como a Itália, onde ele crescia bem. No começo era visto mais como uma planta bonita e exótica, para decorar o jardim dos ricos.

Uma das coisas que atrapalhou o tomate foi ele não ser um alimento tão nutritivo como a batata e nem tão fácil de plantar. Enquanto alguns governos tentavam incentivar as pessoas a comerem batata para escapar da fome, o tomate podia no máximo ajudar a deixar um prato mais gostoso, o que é bom, mas não é tão importante quanto não morrer de fome.

Aos poucos alguns cozinheiros mais corajosos começaram a usar o tomate como um tempero exótico, primeiro nas mesas dos reis e de outras pessoas ricas. Na mesma época, lá pelos anos 1600, já estavam sendo publicados os primeiros livros de culinária com algumas receitas com tomate. Ele foi ficando cada vez mais comum, e nos anos 1700 já era normal ter tomate crescendo nas hortas de lugares quentes como Itália e sul da França.

Os italianos sempre comeram mais vegetais que outros europeus. Nas cidades italianas era comum ter um lugar chamado "praça dos vegetais" para venda e compra desses produtos, e era normal se ter uma horta em casa para consumo próprio. Em lugares mais frios, as pessoas dependiam mais de grãos, leite e carne – talvez porque no frio os vegetais nem sempre crescem bem.

O que mudou o destino do tomate na Itália foi a invenção da massa seca (que podia ser guardada durante o inverno) e de técnicas simples de preservar o tomate – como tomate seco no sol e pasta de tomate, que, antes de existir geladeira, era muito mais grossa e quase uma conserva. Lá pelos anos de 1850 o tomate era tão comum e tão barato na Itália que as pessoas levavam essa fruta para jogar em artistas de rua que não estivessem agradando ao público.

Os italianos também desenvolveram muitas variedades diferentes de tomate, bem mais do que os maias ou os astecas jamais sonharam em fazer. Todos esses tomates diferentes que a gente vê nas feiras são trabalho de italianos e outros povos do sul da Europa.

Por fim, na mala dos italianos o tomate realmente ganhou o mundo. A partir da década de 1850 muitos italianos saíram de casa para morar em outros países como Estados Unidos, Argentina e Brasil, e levaram o tomate com eles. E hoje em dia, se você comer uma típica macarronada italiana, pense em quanta coisa diferente se tem nesse prato e quantas voltas o mundo deu para tudo se misturar: o trigo que vem do Oriente, a técnica de fazer macarrão que é chinesa, e o tomate que é aqui do lado, nosso vizinho.

MILHO

O milho é muito mais do que um petisco de festa junina, ele é uma das comidas mais importantes no mundo hoje em dia. O milho é a base da alimentação de um monte de gente na América Latina, na África, na Ásia e em partes da Europa. Além disso, tem milho em muita coisa que você não vê – ele serve para fazer um tipo de açúcar que vai em refrigerantes e doces industrializados, e ainda entra na ração de vários animais. O mundo não vive sem milho e, mesmo que ele nem sempre seja usado para coisas boas, esse grão mudou a vida de muita gente.

Do México para o mundo

O milho foi domesticado no México no começo da agricultura, há uns 10.000 anos.
Tudo indica que ele vem de uma planta bem diferente dele, chamada "teosinte". Essa plantinha produz poucos grãos, bem mais duros e menos nutritivos que o milho, e para transformar isso no que a gente come hoje deu muito trabalho.

Há uns 5.000 anos o milho já tinha cara de milho, e ele se espalhou rápido pelas Américas. Quando Colombo chegou por aqui em 1492, se plantava milho desde o sul dos Estados Unidos até o Império Inca nos Andes e, inclusive, nas ilhas do Caribe. Cada povo acabava desenvolvendo diferentes tipos de milhos – e quem tinha mais tipos diferente eram os incas, que também tinham muitas batatas diferentes – essa gente gostava de variedade.

Uma das coisas que plantas como o milho – que rendem muita comida e são mais fáceis de plantar – dão para as pessoas é alimento de sobra. Ter esse tipo de comida ajuda a criar civilizações mais ricas que constroem cidades, culturas complexas, arte e arquitetura. Foi exatamente isso o que aconteceu nas Américas – pense em todos os povos incríveis que existiram no continente: os astecas, os maias e os olmecs – todos eles plantavam e comiam milho.

Colombo nunca pisou no continente americano, ele só visitou as ilhas do Caribe e nunca descobriu que tinha chegado em um continente desconhecido para os europeus. Ele achava que estava na Índia – por isso que existe a palavra "índio" para descrever os nativos americanos.

Foi nas ilhas do Caribe que Colombo viu milho pela primeira vez, e lá por 1498 já tinha levado essa planta de volta para Europa.

Como outras plantas americanas, o milho primeiro foi visto como uma curiosidade, mas muito rápido começou a ser consumido. Sessenta anos depois da chegada do milho na Espanha (levado por Colombo), essa planta danada já era consumida até na China!

Para chegar até a China, o milho viajou nas costas dos mercadores árabes que faziam negócios na Europa, África e Ásia, e nos navios espanhóis e portugueses, nas suas navegações pelo mundo. Na África, por exemplo, o milho chegou levado pelos portugueses nas regiões costeiras, e também pelos árabes, através do Egito. No Brasil colonial os portugueses também já plantavam e comiam milho.

E onde ele chegava era sucesso. Nada se espalhou pelo mundo com a velocidade do milho. Ele virou a base da alimentação de muitos povos que nem sonhavam que ele existia, tudo isso em menos de 100 anos depois de chegar na Europa.

O milho é tão querido porque ele é fácil de plantar, cresce rápido, rende muito e ainda tem muito carboidrato, gordura e açúcar – o que dá energia para as pessoas. Além disso, por ele ser um grão, portanto meio parecido com o que as pessoas já comiam em muitas regiões (pense no trigo na Europa ou até o arroz na Ásia), era visto com menos estranhamento que a batata, por exemplo.

Apesar do milho ter muitas calorias, ele é menos nutritivo que outros grãos e para tirar o máximo de vitaminas do milho é preciso que ele passe por um processo chamado "tratamento alcalino" para liberar tudo de bom que o milho tem. Todos os povos que comiam milho nas Américas faziam isso, mas os europeus não levaram essa técnica com eles, então acabavam comendo um alimento menos nutritivo que os americanos. Hoje em dia, essas técnicas de tratamento estão sendo redescobertas e exportadas para regiões que dependem muito do milho, como a África.

Hoje em dia se você for até o Nepal, lá na cordilheira do Himalaia, vai ver gente plantando milho. Eles comem os grãos numa espécie de polenta, usam as folhas e caules de comida para os animais, e ainda conseguem transformar a palha do milho em um tipo de tecido.

Se você perguntar para essas pessoas de onde vem o milho, elas vão tomar um susto – ele está há tanto tempo lá que nem lembram de onde ele veio, e muita gente acredita que é uma planta local, que sempre cresceu ali. E depois de tanto tempo (mais de 500 anos!) vivendo juntos, o milho hoje em dia é tanto dos nepaleses quanto dos mexicanos, dos italianos quanto seu também.

RECEITAS

Depois de descobrir tudo isso sobre o que a gente come, por que não tentar algumas receitas?

Comer é muito bom, mas para realmente entender o que você está comendo, e até descobrir do que você gosta ou não gosta, é preciso cozinhar.

E cozinhar é muito divertido: é uma atividade que você faz usando todos os seus sentidos: barulhos, cheiros, gostos e texturas são tão importantes quando se está cozinhando como a cara que a comida vai ficar.

Aqui você vai encontrar 16 receitas com as comidas que conheceu nesse livro. Você pode segui-las ao pé da letra ou fazer as mudanças que achar melhor!

Cozinhar também é legal porque cada um faz como achar melhor, não tem certo ou errado, só o seu gosto.

E não se esqueça de pedir ajuda para um adulto acompanhar você quando for cozinhar! Além de ser mais divertido cozinhar com companhia, é muito importante ter alguém ensinando a mexer com facas, forno, fogão e outras coisas que podem machucar.

DICA

antes mesmo de entrar na cozinha, vale a pena ajudar a escolher os ingredientes da sua receita: o brócolis, a berinjela, os ovos: entre num mercado e veja todo esse mundo de comidas possíveis bem na sua frente.

CHURRASCO DE BRÓCOLIS

tempo de preparo: ativo 20 minutos, com espera de 30 min

serve: 4 pessoas

INGREDIENTES:

Salsinha 1/2 maço
Orégano 2 colheres de sopa
Alecrim 1 ramo
Alho 2 dentes
Gengibre em pó 1 colher de café
Limão suco de meio limão
Azeite 1 xícara
Brócolis 1 unidade
Sal a gosto (2 colheres de sopa para o pré-preparo do brócolis)
Gelo 8 ou 10 cubos

VOCÊ VAI PRECISAR DE:

Churrasqueira
Processador ou liquidificador
Faca
Panela grande
Cumbuca grande
Escumadeira

Churrasco é uma delícia porque não é só sobre comida: é hora de encontrar os amigos e a família e fazer alguma coisa juntos. Mas churrasco não precisa ser só de carne! Experimente incluir esse brócolis delicioso no próximo churrasco de famíla: ele vai dar uma bela pitada de cor e sabor, até os mais carnívoros vão adorar!

CHURRASCO DE BRÓCOLIS

PASSO A PASSO

1. Lave o brócolis.
2. Coloce uma panela grande (que caiba o brócolis todo dentro) com bastante água (o suficiente para cobrir o brócolis) e as duas colheres de sopa de sal para ferver no fogo alto.
3. Encha uma cumbuca/vasilha grande (que também caiba o brócolis) com água e os cubos de gelo.
4. Quando a água estiver fervendo, cozinhe rapidamente a cabeça de brócolis por 2 minutos na água.
5. Use a escumadeira e um garfo para tirar o brócolis e colocar na água gelada. Espere uns 5 minutos e escorra a água.

Isso para o cozimento do brócolis, assim ele não fica molenga demais.

6. Para o tempero, você vai fazer um *chimichurri* bem suave. No liquidificador ou processador, misture o azeite, a salsinha (mais as folhas do que os cabinhos), orégano, os dentes de alho descascados, as folhas de alecrim, gengibre em pó e bata até a salsinha ficar mais ou menos do tamanho do orégano. Desligue a máquina e misture o suco de limão. Deixe separado.

Chimichurri é um tempero de churrasco típico do sul da América do Sul, é sempre uma mistura de ervas, azeite e outros temperos – e você pode criar o seu em cima dessa receita aqui.

7. Quando a churrasqueira estiver acesa (um adulto que tem que fazer isso!) coloque uma grelha bem perto da brasa e dê um tempinho (uns 5 minutos) para ela esquentar.

8. Quando a grelha estiver bem quente, está na hora de cortar o brócolis! Pode ser no sentido do comprimento, que fica bem bonito, ou de outro jeito que seja fácil para você (lembre que um adulto tem que estar perto na hora de usar a faca!). Cubra o brócolis de todos os lados com o chimichurri.

9. Coloque na grelha e deixe até ficar bem coradinho de um lado (pode levantar para ver com a ajuda de um garfo, e de um adulto), vire e grelhe do outro.

10. Sirva numa tábua de churrasco bem bonita, com mais uma bela dose de chimichurri e sal a gosto. Que maravilha!

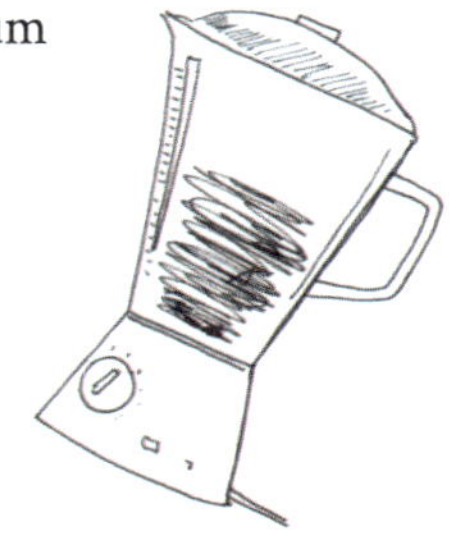

ANOTAÇÕES

ROSTERRABA

(beterraba assada)

tempo de preparo: ativo 30 minutos, com espera de 1 hora e 20 minutos

serve: 4 pessoas

INGREDIENTES:

Sal grosso 500g

Beterraba 2 unidades

Alecrim 2 ramos

Pimenta-do-reino inteira
2 colheres de sopa

Mostarda 1/2 xícara

Gergelim preto 2 xícaras (150g) – pode ser substituído por **gergelim branco**, o preto só fica mais bonito

Vinagre balsâmico 2 xícaras

VOCÊ VAI PRECISAR DE:

Assadeira

Tábua de corte

Faca

Panela

Forno e fogão

Esta receita é uma brincadeira que mistura um prato bem tradicional inglês (o rosbife – ou filé assado) com a beterraba. E dá muito certo! Quando essa raiz é assada, ganha um gostinho defumado e ainda fica com a cara de um rosbife tradicional – uma brincadeira divertida para ver o quanto a cozinha é flexível.

ROSTERRABA (beterraba assada)

PASSO A PASSO

Preaquecer quer dizer ligar antes. A ideia é que o forno já vai estar na temperatura certa quando for colocar as batatas dentro dele – isso leva pelo menos 15 minutos, mas tudo bem se ficar mais tempo ligado.

1. Lave a beterraba.
2. Preaqueça o forno a 180ºC.
3. Cubra o fundo da assadeira com o sal grosso, as folhas do alecrim e a pimenta. Misture tudo muito bem.
4. Coloque cada beterraba em um "ninho" feito com a mistura da assadeira. Depois, cubra totalmente com mais sal grosso.
5. Asse por 1 hora.
6. Enquanto a beterraba assa, aproveite para fazer uma redução de balsâmico, que vai ser o molho da sua rosterraba. Coloque o vinagre na panela e leve ao fogo médio. O objetivo é reduzir até 1/3 do volume. Mas como saber que reduziu tudo isso? Simples, use um copo de requeijão e uma caneta hidrográfica para marcar o volume inicial do vinagre antes de ir para a panela, e de 20 em 20 minutos transborde o vinagre de volta da panela ao copo para avaliar o quanto reduziu.

Para tirar as folhas do ramo de alecrim, segure o raminho entre os dedos na parte de cima e puxe para baixo, contra o sentido em que as folhas crescem. Elas vão sair todinhas.

Tome muito cuidado, a panela, o vinagre e até o copo vão ficar muito quentes! Use luvas de forno para essa tarefa, e sempre tenha a ajuda de um adulto.

7. Retire a assadeira do forno depois de 1 hora. Espere esfriar. Retire as beterrabas do sal e descasque com cuidado com a ajuda de uma faquinha.

8. Com uma colher (os dedos também valem!), envolva as beterrabas em mostarda e, depois, empane estas maravilhas em gergelim.

9. Corte as beterrabas em rodelas largas e coloque em uma travessa (como se fosse apresentar um rosbife). Sirva com a redução de balsâmico.

Empanar quer dizer cobrir com algum tipo de farinha, por todos os lados, aqui você vai usar o gergelim no lugar da farinha.

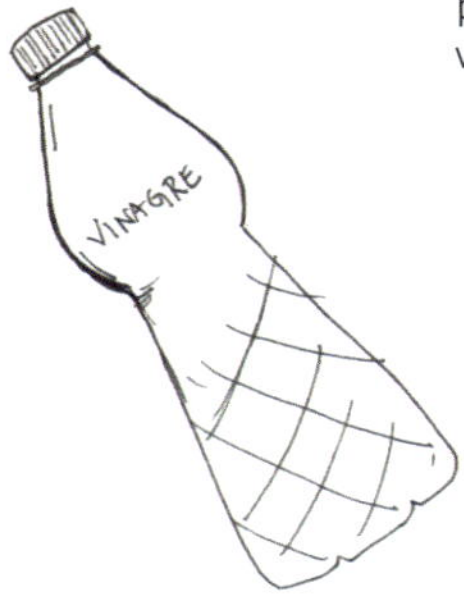

ANOTAÇÕES

ASTEROIDES

tempo de preparo: ativo 15 minutos, com espera de 1 hora e meia

serve: 4 pessoas

INGREDIENTES:

Batatas bolinhas 1 kg (pesar quando comprar no mercado ou 6 copos)

Sal 1 e 1/2 xícara

Água 1 litro (ou 4 xícaras, ou 3 e 1/2 copos)

VOCÊ VAI PRECISAR DE:

Panela média ou grande

Assadeira

Escorredor de massa ou escumadeira

Fogão e forno

Pode parecer que vai sal demais nessa receita, mas não tem problema porque, quando uma batata é cozida inteira com a pele, ela chupa só um pouco do sal da água, que é bem a quantidade que a gente quer, e ainda vai formar uma casquinha linda e deliciosa na pele da batata. Os habitantes das Ilhas Canárias (lembra que a batata chegou lá antes de chegar na Europa?) faziam esta receita com água do mar, que tem a mesma quantidade de sal na água que você vai usar nesta receita.

ASTEROIDES

PASSO A PASSO

1. Lave as batatas em água corrente.

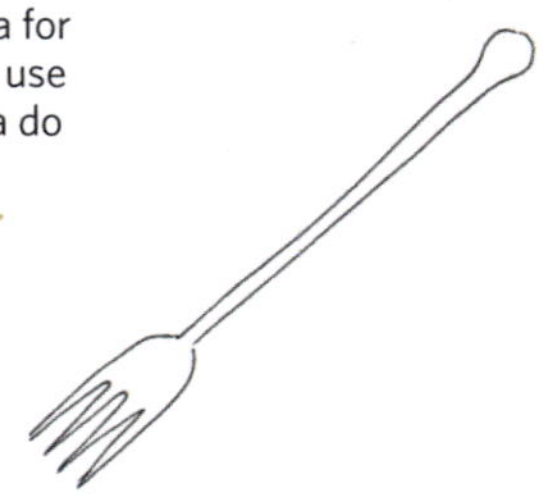

Se sua panela for bem grande, use a maior boca do fogão.

2. Preaqueça o forno a 180ºC.
3. Misture a água e o sal em uma panela de média a grande, que caibam bem todos os ingredientes.
4. Assim que a o sal dissolver na água, coloque as batatas na panela.

Se ficar um pouco de sal no fundo, não se preocupe, isso só quer dizer que a água já absorveu todo o sal que dava para absorver. Não vai atrapalhar a receita.

5. Acenda o fogão em fogo médio para alto. Depois de 40 minutos, cheque se as batatas já estão macias. Se ainda não estiverem, vá checando de 5 em 5 minutos até chegar no ponto.

Espete um garfo com cuidado em uma das batatas, ele tem que entrar fácil nela.

6. Desligue o fogo e drene as batatas usando um escorredor de massa ou escumadeira.
7. Passe as batatas para a assadeira e coloque no forno para terminar de cozinhar.
8. Espere até que uma casquinha branca apareça em volta das batatas bolinhas – isso leva mais ou menos uns 15 minutos ou mais. Mas preste atenção! Cada forno tem um tempo, então tem que ficar de olho.

Drenar é tirar a água – você vai jogar tudo que tem na panela dentro de um escorredor colocado dentro da pia, ou vai tirar uma a uma com a escumadeira. Em qualquer um dos casos peça para um adulto ajudar, as batatas e a água vão estar muito quentes!

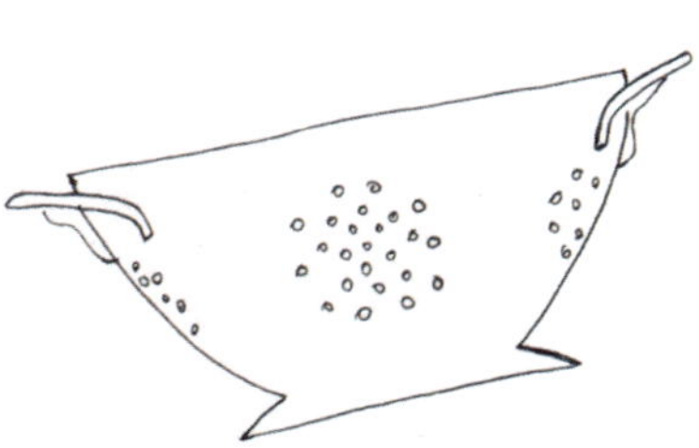

9. Sirva bem quentinhas. Elas vão bem com qualquer condimento, mas vão ficar uma delícia com a receita de tomatchup que está na página 68.

ANOTAÇÕES

LÁMEN DE CENOURA

tempo de preparo: ativo 40 minutos, com espera de 1 hora

serve: 4 pessoas

INGREDIENTES:

PARA O CALDO

Água 3 litros
Cebola descascada 6 unidades
Cenoura 5 unidades
Tomate 3 unidades
Cebolinha 1 maço
Óleo de girassol 1/2 xícara
Anis-estrelado 1 unidade
Semente de coentro 1 colher de chá
Pimenta-do-reino inteira 1 colher chá
Missô 2 colheres de sopa
Shoyu 1 colher de sopa
Sal a gosto

PARA O QUE VAI NO LÁMEN

Cenoura 2 unidades
Alho-poró 2 unidades
Ovo 2 unidades
Gergelim 2 colheres de sopa
Azeite 1 fio para finalizar

VOCÊ VAI PRECISAR DE:

Ralador
Peneira
Descascador de legumes
Panela grande
Escumadeira
Panela pequena
Tábua de corte
Faca

O lámen ou ramen é um prato de origem chinesa que caiu no gosto dos japoneses há muuuito tempo. A cultura do lámen no Japão é tão rica e variada que dá espaço para experimentar um monte de coisas. Tanto no caldo como nas guarnições desta receita aqui o espírito é livre, então você não só pode como deve experimentar – vale mexer no tempero do caldo e no que vai dentro do lámen.

LÁMEN DE CENOURA

PASSO A PASSO

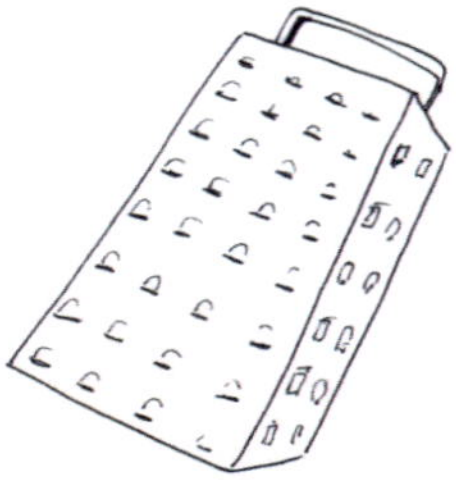

Para ralar o tomate, primeiro corte no meio e rale a parte cortada, segurando bem na casca. A mesma técnica é boa para a cebola também.

1. Lave todos os legumes.
2. Rale as 5 cenoura do caldo (as outras duas são para guarnição), as cebolas, o tomate (sim, você vai ralar o tomate!).
3. Coloque a panela grande com o óleo de girassol no fogo alto; quando o óleo esquentar, jogue a mistura de ralados dentro, abaixe o fogo e refogue até a cebola ficar bem dourada, quase escura. Isso demora pelo menos 20 min.
4. Coloque os 3 litros de água na panela, aumente o fogo e, quando estiver fervendo, reduza o fogo para médio.
5. Acrescente o anis-estrelado, a pimenta-do-reino, semente de coentro e o maço de cebolinha.
6. Cozinhe por 45 minutos.
7. Enquanto o caldo cozinha, na panela menor ferva água o suficiente para cozinhar os ovos (pense que eles têm que ficar cobertos de água). Quando a água ferver, coloque os ovos e cozinhe por 5 minutos. Depois desse tempo, retire da panela com a ajuda de uma escumadeira e separe.
8. Depois que os ovos estiverem frios, descasque com cuidado.
9. Depois dos 45 minutos, você já pode tirar o caldo do fogo. Com cuidado, passe para outro recipiente ou panela, através da peneira.
10. Agora vamos fazer os *noodles* deste lámen. Use o descascador de legumes para tirar a casca da cenoura. Quando elas estiverem descascadas, use o mesmo descascador para tirar lâminas no sentido do comprimento da cenoura. Coloque as lâminas na tábua de corte e, com a faca, transforme em tiras finas, mais ou menos da largura de um linguine

Refogar quer dizer fritar mexendo bem em algum óleo ou gordura. A gente normalmente refoga os ingredientes que vão ser a base de um caldo ou molho, para soltar bem o sabor.

Separe umas 3 ou 4 folhas da cebolinha para enfeitar.

Nesse tempo a gema ainda vai estar um pouco molinha.

Um truque para ajudar a descascar o ovo é rolá-lo sobre uma mesa ou outra superfície reta, fazendo um pouquinho de pressão com a mão.

noodles é o nome do macarrão oriental, esse aqui vai ser de cenoura.

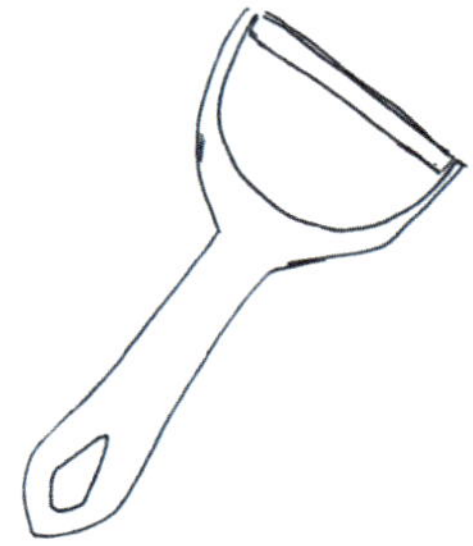

ou espaguete. Não precisa ser perfeito, basta as tiras serem meio parecidas e você achar que está bonito.

11. Faça tiras de alho-poró – use a faca para cortar o alho-poró no sentido do comprimento.
12. Aqueça o caldo filtrado em fogo médio e misture o shoyu, missô e sal a gosto.
13. Coloque as tiras de alho-poró e cenoura no caldo e deixe cozinhar por 3 minutos. Desligue o fogo.
14. Em uma cumbuca bonitinha, sirva o caldo com as tiras de legumes, decore com o gergelim e o ovo cortado ao meio (coloque por cima de tudo com a gema para cima), e finalize com um fio de azeite.

O shoyu já é bem salgado, prove o caldo antes de colocar mais sal.

ANOTAÇÕES

SAUERKRAUT

(chucrute)

tempo de preparo: ativo 20 minutos, com espera de 3-14 dia

serve: 4 pessoas

INGREDIENTES:

Repolho 1 unidade

Sal 30g ou 3 colheres de chá cheias

Pedregulhos, pedras, bilhas de aço, peso de papel (qualquer objeto relativamente pequeno e pesado que possa ajudar a pressionar o repolho na fermentação)

VOCÊ VAI PRECISAR DE:

Cumbuca grande

Tesoura sem ponta

Faca

Tábua de corte

Pano de prato branco e liso lavado com água quente

Pote de sorvete

Recipiente menor com tampa – tem que caber dentro do pote de sorvete

Papel-filme

Os alimentos fermentados voltaram à moda, mas eles existem há muito tempo. Além de serem saudáveis e terem ajudado a manter muita gente bem alimentada durante invernos frios, também são uma delícia. Esse sauerkraut (que aqui a gente chama de chucrute e que em alemão quer dizer "vegetais azedos") é quase igual ao que os holandeses levavam em suas viagens pelo mundo, e ainda faz boa companhia para um cachorro-quente, lanches, batatas, carnes...

SAUERKRAUT (chucrute)

PASSO A PASSO

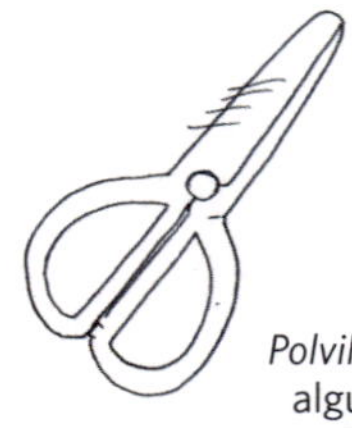

Esfolhar é arrancar as folhas. Você pode fazer isso com as mãos mesmo.

1. Esfolhe o repolho, lave bem e seque. Com a ajuda da tesoura, tire o caule das folhas.

2. Na tábua, corte as folhas de repolho em tiras.

Polvilhar é deixar cair algum ingrediente em forma de pó por entre os dedos na comida, meio como a gente faz com sal. A ideia é ajudar a misturar bem esse ingrediente.

3. Passe o repolho para a cumbuca e polvilhe o sal sobre ele. Use as mãos para mexer bem as tiras, apertando entre elas e pressionando para baixo. Isso vai ajudar a macerar o vegetal.

Macerar é apertar uma fruta ou vegetal para tirar o suco que tem dentro.

4. Coloque todo o conteúdo da cumbuca no pote de sorvete, e aproveite para pressionar mais um pouco com as mãos. Cubra com o pano de prato.

É importante que o seu recipiente seja só um pouco menor do que o pote de sorvete, mas não muito alto (você vai ter que fechar o pote de sorvete com o repolho e ele dentro).

5. Encha o seu recipiente com coisas pesadas, como pedregulho, bilhas de aço e outros pesos, e passe papel-filme em toda a volta dele. Esta etapa é uma das mais importantes, porque o repolho precisa estar mergulhado no seu próprio suco para a fermentação funcionar.

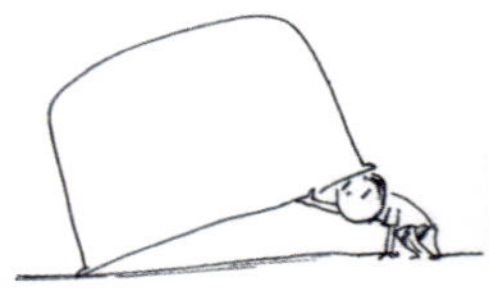

6. Coloque o recipiente-peso sobre o sauerkraut coberto pelo pano, pressionando levemente, e tampe o pote de sorvete (o pano continua lá dentro). Deixe à temperatura ambiente – é melhor não fazer quando está muito quente, porque a temperatura ideal fica entre 18º e 24ºC.

Por isso ele era enterrado antigamente. Deixar numa despensa protegida do sol ou até num porão ou depósito no subsolo ajuda. MAS EVITE GELADEIRAS! Elas são tão frias que fica difícil a fermentação acontecer.

7. Depois dessa última etapa começa o jogo de paciência. O sauerkraut começa a ficar bom depois de 3 dias, mas muito mais delicioso a partir de 2 semanas. Depois disso, você pode passar para um pote limpo com tampa e guardar na geladeira.

8. E não se preocupe: este alimento ficar fora da geladeira é seguro e mais do que normal. Nossos antepassados faziam sauerkrauts assim bem antes de se pensar em inventar a geladeira!

ANOTAÇÕES

CHILI DA HORTA

tempo de preparo: ativo 40 minutos, com espera de 15 minutos
serve: 4 pessoas

INGREDIENTES:

Tomate holandês 4 unidades de preferência com a vinha, a parte verdinha. Se não tiver deste ou com a vinha, vá com o qual encontrar.

Extrato de tomate 1/2 xícara

Água 1/2 xícara

Tomate-cereja 1 caixinha (cortados ao meio)

Cebola 1 unidade

Couve-flor 1 unidade

Óleo de girassol 2 colheres de sopa

Canela em pó 1 colher de chá

Cominho em pó 1 colher de chá

Anis-estrelado inteiro 1 unidade

Grão-de-bico cozido 1 lata (você pode substituir por qualquer feijão ou fava já cozida aí na sua casa)

VOCÊ VAI PRECISAR DE:

Panela média

Colher de pau ou espátula de silicone

Ralador

O chili é um prato tradicional da cozinha Tex-Mex, uma mistura da cozinha americana (o Tex no nome é de "Texas", um estado americano) com a mexicana. Não se sabe muito bem de onde vem a receita original, mas ele é muito amado tanto nos Estados Uunidos quanto no México. Esta é uma versão vegetariana desse prato, mas ela respeita o que tem de mais legal no chili, a mistura de temperos, cheiros e sabores. *Bon provecho*!

CHILI DA HORTA

PASSO A PASSO

1. Lave bem todos os vegetais. Tire as vinhas do tomate (se eles vieram com elas) e deixe separadinhas, você ainda vai usá-las. As vinhas dão mais sabor de tomate para a preparação.
2. Rale a cebola, a couve-flor e, por último, o tomate. Ralar o tomate é um bom truque para fazer molhos de tomate também – você já se livra da casca e deixa a polpa no ponto para virar molho.

   > Para ralar o tomate, primeiro corte no meio e rale a parte cortada, segurando bem na casca. A mesma técnica é boa para a cebola também.

3. Coloque a panela em fogo médio com um pouco de óleo. Quando esquentar, refogue a cebola e a couve-flor até dourarem, isso leva de 5 a 8 minutos.
4. Adicione o anis-estrelado, a vinha do tomate e, depois, o tomate ralado e os tomates-cerejas cortados ao meio. Mexa bem por 2 minutos e coloque a água.
5. Quando a água ferver, abaixe o fogo e deixe cozinhar mais 10 minutos.

   > Esse tempo cozinhando vai deixar os sabores dos ingredientes mais marcados.

6. Retire do fogo e misture a canela e o cominho.

7. Retire as vinhas de tomate e o anis-estrelado do molho – cuidado que ele ainda estará quente.

8. Drene o grão-de-bico e jogue no seu molho, dando uma boa misturada.

9. Está pronto para servir! Você pode comer com tortilhas ou tacos – "panquequinhas" tipicamente mexicanas – ou até com um arroz branquinho.

Drenar é tirar a água – para um produto em lata o jeito mais fácil é com uma peneira: é só escolher uma grande e derramar tudo o que tem na lata nela, dentro da pia. A água desce pelo ralo, o grão-de-bico fica na peneira.

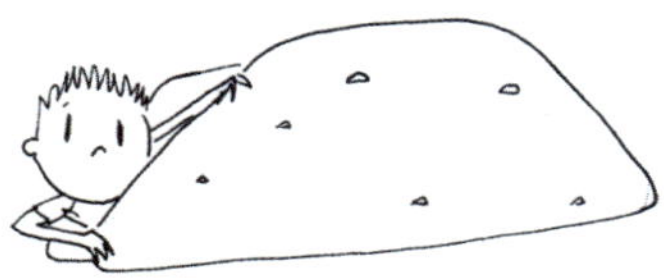

ANOTAÇÕES

DESFRITAS

tempo de preparo: ativo 30 minutos, com espera de 1 hora e meia
serve: 4 pessoas

INGREDIENTES:

Batatas tipo inglesa 1 kg (pesar quando comprar no mercado, ou de 5 a 6 unidades)

Sal a gosto

Água para cozinhar as batatas

Azeite (ou óleo da sua preferência) 1/2 xícara

Ervas/especiarias (opcional, em pouca quantidade. Apenas para dar aroma e um toque de sabor)

VOCÊ VAI PRECISAR DE:

Faca

Tábua de corte

Panela média ou grande

Escorredor de massa ou escumadeira

Assadeira (de preferência com revestimento antiaderente)

Fogão e forno

ALGUMAS SUGESTÕES:

Alecrim e raspas de limão
Salsinha picada
Pimenta-do-reino (em pó ou moída na hora)

Esta é uma batata de forno fantasiada de batata frita. Você vai começar cozinhando na água para ela ficar bem macia e, depois, colocar no forno para criar uma incrível casquinha crocante.

DESFRITAS

PASSO A PASSO

Não descasque suas batatas, elas ficarão muito mais gostosas assim.

1. Lave as batatas inteiras em água corrente.
2. Preaqueça o forno a 180ºC.
3. Corte as batatas em rodelas mais ou menos na espessura de um dedo mindinho.
4. Lave as rodelas de batata em água corrente de novo, para tirar um pouco do amido, isso ajuda as desfritas a ficarem supercrocantes.

Amido é uma substância que existe em vários grãos e vegetais e é ótimo para dar bastante energia pra gente. Essa lavada só vai tirar o amido da parte de fora das rodelas – suas batatas ainda vão ser uma boa fonte de energia.

5. Coloque as rodelas em uma panela larga junto com bastante água – o bastante para as batatas ficarem totalmente cobertas e a água ainda passar uns dois ou três dedos delas. Leve ao fogo médio e, passados uns 40 minutos, cheque com um garfo se já estão bem macias, quase desmanchando. Se ainda não estiverem no ponto, cheque de 5 em 5 minutos até chegarem lá.

6. Desligue o fogo e drene as batatas com a ajuda de um escorredor de massa ou escumadeira. Espere esfriarem completamente – esta etapa é muito importante porque, para fazer o supercrocante, elas têm que estar sequinhas e frias.

7. Coloque suas batatas na assadeira, jogue sal a gosto* e regue com o azeite, cobrindo bem todas as fatias.

8. Coloque a assadeira no forno e deixe lá até as batatas ficarem bem coradas. Isso pode demorar 20 minutos ou mais – fique de olho para elas não queimarem.

9. Sirva bem quentinhas. Elas vão bem com qualquer condimento, mas vão ficar uma delícia com a receita de tomatchup que está na página 68.

Você pode usar as mãos para misturar bem a batata, o sal (e outros temperos que resolva usar) e o azeite.

*OPCIONAL
você pode misturar ervas e outros temperos além do sal – dê uma olhada em algumas sugestões na página 64.

ANOTAÇÕES

TOMATCHUP

tempo de preparo: ativo 30 minutos
serve: 4 pessoas

INGREDIENTES:

Tomate holandês 4 unidades (de preferência com a vinha! Se não tiver deste ou com a vinha, vá com o qual encontrar)

Vinagre de maçã 3 colheres de sopa (se não tiver vinagre de maçã você pode substituir por vinagre de vinho branco ou tinto, vinagre de álcool ou de arroz)

Sal 1 colher de chá

Mel 2 colheres de sopa (de preferência orgânico ou de florada conhecida como jataí)

Cravo em pó 1 colher de café

Canela em pó 1 colher de café

Páprica doce 1 colher de chá

Goma xantana 1 colher de café (*opcional*)

VOCÊ VAI PRECISAR DE:

Panela média
Liquidificador
Espátula de silicone

A goma xantana ajuda a dar um textura mais grossinha pro condimento. Dá para achar em lojas de produtos naturais, mercearias e lojas de confeitaria. Mas se não achar não faz mal, o tomatchup vai ficar mais líquido, mas igualmente delicioso.

Tudo indica que o ketchup foi inventado na China, de lá viajou para a Malásia e foi "descoberto" por colonizadores ingleses. Na Malásia ele se chamava "Kay Chap" (que meio que parece o nome *ketchup*) e não era feito com tomates, essa foi uma invenção dos ocidentais que, nos seus países, não achavam todos os ingredientes para fazer a versão original. Esta receita aqui é menos doce e mais saudável que as versões de mercado, além de divertida de fazer!

TOMATCHUP

PASSO A PASSO

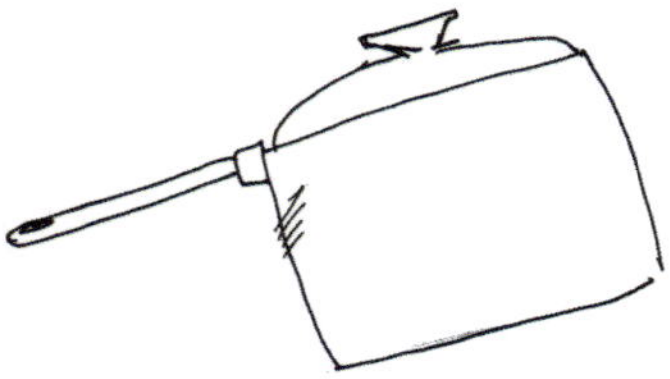

1. Tire as vinhas do tomate e, depois, rale os tomates.
2. Junte na panela todos os ingredientes (as vinhas também), menos a xantana e o vinagre. Cozinhe em fogo médio por 15 minutos.
3. Desligue o fogo e tire as vinhas da panela.
4. Passe tudo o que está na panela para o liquidificador. Bata bem, até ficar tudo bem lisinho.
5. Por fim, misture o vinagre e a xantana. Coloque a goma aos pouquinhos, isso vai ajudar a não criar pelotinhas no seu tomatchup. Bata no liquidificador por uns 5 minutos até ficar bem misturado.
6. E já está pronto! Pode comer agora ou guardar na geladeira num potinho fechado. Que venham as batatas!

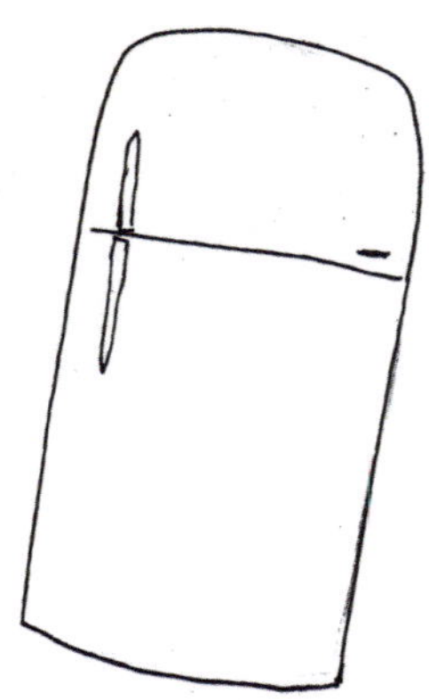

ANOTAÇÕES

TEMAKI DE REPOLHO

tempo de preparo: Ativo 20 minutos, com espera de 40 minutos
serve: 4 pessoas

INGREDIENTES:

Repolho 1 unidade

Arroz japonês 2 xícaras

Água para cozinhar arroz 2 xícaras

Vinagre 2 colheres de sopa (use o vinagre que você tiver, mas se tiver em casa o de arroz fica sensacional)

Sal a gosto

Gergelim

Sauerkraut da receita na página 56

Legumes, vegetais e recheios criativos por sua conta. Algumas sugestões são beterraba e cenoura cozida, pepino, abacate...

VOCÊ VAI PRECISAR DE:

Panela com tampa (de preferência de vidro)

Espátula de silicone ou colher de pau

Assadeira

Tábua de corte

Tesoura

Peneira grande

O temaki é um prato japonês bem conhecido nosso, quem nunca comeu um fazendo uma bagunça em um restaurante japonês? No Japão mesmo ele não é comida de restaurante, mas um lanchinho para se comer em casa. Essa versão é um pouco "rebelde", porque ao invés da alga o que vai envolver o temaki é uma folha fresquinha de repolho. O recheio é arroz, mas por que não misturar um pouco mais e colocar um pouco de chucrute nele? Experimente desse jeito, ou crie outros recheios, do jeito que achar melhor. Seguir as tradições é muito bom, mas uma pitada de criatividade e rebeldia sempre cai bem.

TEMAKI DE REPOLHO

PASSO A PASSO

1. Usando uma peneira ou escorredor, lave bem o arroz em água corrente para tirar um pouco do amido. Uma peneira grande ou escorredor de arroz são ideais para a tarefa. Esfregue o arroz contra a peneira sob água corrente, de maneira vigorosa.
2. Esfolhe o repolho, lave bem e seque. Com a ajuda da tesoura, tire o caule das folhas.
3. Coloque o arroz e a água na panela. Leve ao fogo alto até atingir a fervura (quando borbulha bem). Baixe o fogo o máximo que der.
4. Deixe cozinhar de 10 a 15 minutos. Depois de 10 minutos, veja se toda a água já sumiu (mas não abra a panela!). Se a sua panela não tiver tampa de vidro, espere os 15 minutos mesmo, tudo bem se passar um pouquinho.
5. Desligue o fogo, mas deixe a panela tampada por outros 15 minutos. É um minimomento de paciência, o arroz precisa desse tempinho fechado para ficar realmente espetacular.
6. Passados os 15 minutos, abra a tampa e passe o arroz para a assadeira. Regue com vinagre, sal a gosto e gergelim, e misture.
7. Para montar seu temaki: abra as folhas de repolho na horizontal e recheie com um punhado do arroz temperado. Tente colocar o arroz mais perto da base e um pouco para o lado direito. Assim você tem espaço livre no topo e no meio da folha para colocar os outros ingredientes – neste caso o sauerkraut ou outros recheios que quiser experimentar.

A água que sai do arroz vai estar meio branquinha; quando ela voltar a ficar transparente é porque o amido já saiu. Tirar o excesso do amido deixa esse arroz menos grudento.

Use uma colher de pau molhada – isso faz com que o arroz não grude tanto nela. Também é importante mexer com cuidado para não arrebentar muitos grãos de arroz.

Tire o excesso de água do sauerkraut antes de usar. Pode ser com uma peneira, ou até apertando entre as mãos.

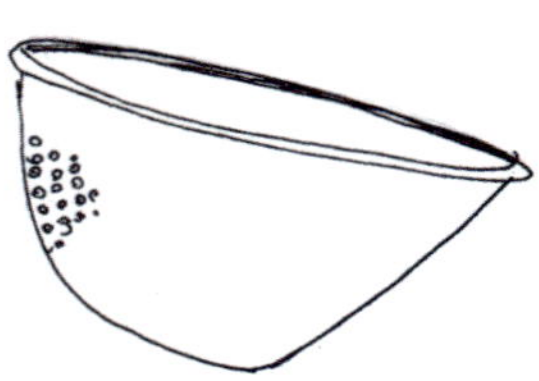

8. Pegue a ponta inferior direita da folha, dobre mais ou menos até a metade do temaki e comece a enrolar a partir daí formando um cone.
9. Com um ou dois grãos de arroz, "grude" a pontinha que sobrou da folha de repolho nela mesma. Se quiser você pode rechear o topo do temaki mais um pouco, para ficar com visual bonito e super bem servido. *Oishii*! (muito bom).

Talvez você precise de mais do que uma tentativa para pegar o jeito, é normal! Uma boa dica é não rechear demais o seu temaki, vai ajudar a enrolar mais fácil.

ANOTAÇÕES

CROQUETAS DE MILHO

tempo de preparo: ativo 25 minutos, com espera de meia hora
serve: 4 pessoas

INGREDIENTES:

Azeite 2 colheres de sopa

Cebola 1 unidade

Milho verde enlatado 1/2 lata (procure usar marcas de qualidade, com pouco sal e leia na embalagem os ingredientes de conserva. Prefira aquelas que comecem com água na listagem)

Manteiga 3 colheres de sopa

Farinha de trigo 1/2 xícara, para a receita e mais um pouco para as colocar nas mãos

Leite 2 xícaras

Noz-moscada a gosto

Ovo 2 unidades batidas

Panko ou farinha de rosca 2 xícaras

Queijo coalho 1/4 xícara (ralado bem fininho)

Óleo de girassol para fritar 1 litro

Sal a gosto

VOCÊ VAI PRECISAR DE:

Ralador

Panela

Frigideira funda ou caçarola para fritar

Escumadeira

Espátula de silicone,

Fuê (batedor de arame) ou uma colher de pau

Papel-filme

Cumbuca

Os espanhóis, se não criaram, são os grandes craques deste prato simplesmente maravilhoso! Croquetas são a versão original dos croquetes. Tradicionalmente feitas com bechamel, um molho a base de manteiga, farinha e leite, sempre levam um pouco de presunto ibérico. Porém nesta versão são vegetarianas, feitas com o milho, aquela planta que veio das Américas, mas que hoje pertence ao mundo todo.

CROQUETAS DE MILHO

PASSO A PASSO

1. Rale a cebola.
2. Drene o milho da lata e separe metade da quantidade para esta receita. Guarde o resto para alguma outra receita.
3. Aqueça a frigideira em fogo médio, quando esquentar coloque a manteiga e a cebola ralada. Refogue a cebola até ficar meio transparente. Isso leva uns 5 minutos.
4. Enquanto sua cebola refoga, use uma panela pequena ou, melhor ainda, uma leiteira, para aqueçer o leite em fogo médio/baixo – mas sem deixar ferver completamente (não pode fazer bolhinhas). Se o leite estiver quente vai ajudar a massa a não empelotar. Esquentar o leite deve levar uns 5 minutos, depois desligue o fogo.
5. Assim que a cebola estiver no ponto, reduza o fogo da frigideira e polvilhe a farinha aos pouquinhos. O objetivo é dar um gostinho melhor para a farinha e deixá-la mais douradinha. Isso leva outros 5 minutos mais ou menos. Mexa a mistura sem parar com a espátula de silicone.
6. Adicione o leite quente aos poucos, e vá usando o fuê (ou colher de pau) para mexer bem a massa até ter uma pasta lisa e homogênea. Cozinhe por mais 15 minutos para chegar a uma textura de purê de batata. Desligue o fogo.
7. Misture o milho drenado na massa, tempere com sal a gosto e uma pitada de noz-moscada. Passe a massa para a cumbuca e cubra com papel-filme. Deixe esfriar.
8. Agora para o empanamento. Em um prato fundo coloque os ovos batidos, e em outro, a farinha panko ou de rosca misturada com o queijo coalho ralado.

Empurre o papel-filme até ele enconstar na massa, isso impede que ela forme uma pelinha na parte de cima.

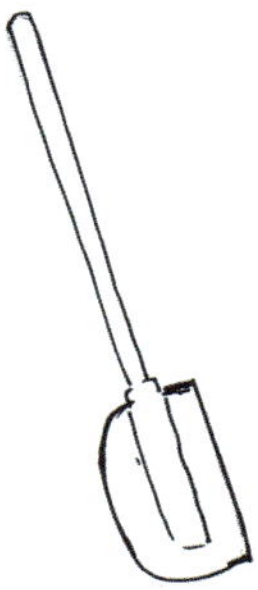

A farinha de trigo é para a massa não grudar na sua mão, de tempos em tempos você vai precisar lavar a mão e colocar mais farinha de trigo se a massa começar a grudar.

9. Empane as suas mãos com um pouco de farinha de trigo e faça cilindros com a massa, não precisam ficar perfeitos!
10. Depois de fazer cada cilindro, passe primeiro nos ovos e, depois, na farinha panko ou de rosca. Vá deixando suas croquetas em um prato ou tábua de cortar, prontinhas para fritar logo mais.
11. Forre uma assadeira ou prato grande com papel-toalha e deixe pronto perto do fogão.
12. Coloque óleo na caçarola ou frigideira funda: você vai precisar de bastante óleo, pode encher sua caçarola/frigideira até uns 3 dedos da borda.
13. Coloque a caçarola/frigideira em fogo alto para esquentar o óleo – muito cuidado aqui, sempre peça a ajuda de um adulto para mexer em óleo quente.
14. Frite as croquetas em lotes. Use a escumadeira para tirar as croquetas uma a uma e coloque na assadeira/prato com o papel-toalha. Seque cada lote muito bem com mais papel-toalha.
15. Sirva quentinhas para dar um olé na fome.

OPÇÃO
Croquetas no forno

Se você não quiser mexer com fritura, também pode fazer as croquetas no forno! Também ficarão muito gostosas. Siga os passos anteriores até o 10, depois continue a partir daqui.

11. Preaqueça o forno a 180 graus (pode levar uns 15 minutos até o forno esquentar).
12. Enquanto o forno esquenta, coloque suas croquetas empanadas numa assadeira forrada com papel-manteiga.
13. Quando o forno aquecer, coloque a assadeira e deixe assando por 15 a 20 minutos. Depois é só comer!

ESFIHA DE BERINJELA

tempo de preparo: 40 minutos, com espera de 30-40 minutos

serve: 4 pessoas

INGREDIENTES:

Berinjela 2 unidades grandes

Sal a gosto

Azeite (ou óleo da sua preferência) 1/2 xícara e 1 colher de sopa (separado)

Opcional: **sumagre** (também chamado **sumac**v 1 colher de chá

VOCÊ VAI PRECISAR DE:

Faca

Tábua de corte

Frigideira média

Assadeira (de preferência com revestimento antiaderente)

Fogão e forno

Apesar de muitos passos, esta receita é fácil de fazer, divertida, saudável e deliciosa. Esta é uma esfiha diferente: todinha feita de berinjela (que é amada pela culinária árabe), mas com gostos e texturas diferentes – para a gente ver que vegetal danado é a berinjela. Não é à toa que tanta gente gosta dela.

PASSO A PASSO

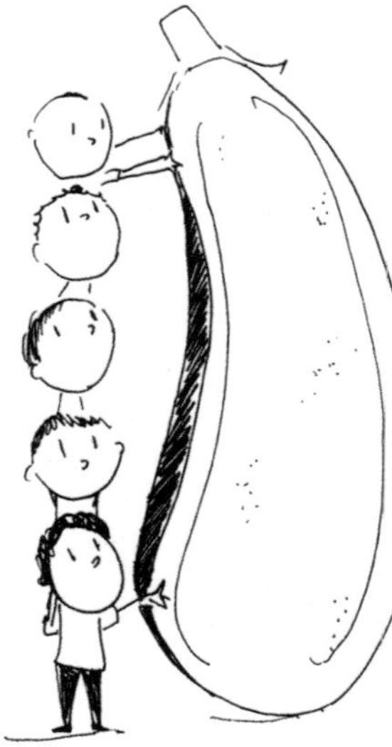

1. Lave as berinjelas em água corrente e seque.
2. Preaqueça o forno a 180ºC.
3. Corte uma das berinjelas ao meio, no sentido do comprimento. Regue o lado cortado com um fio de azeite e uma pitada de sal e leve ao forno até que o centro esteja desmanchando. Isso leva de 20 a 30 minutos pelo menos. Depois tire do forno e deixe esfriar. É o primeiro passo desta receita para dar tudo certo.

Não desligue o forno, você vai usar de novo!

4. Corte a outra berinjela em rodelas, na espessura de um dedo mindinho.

O sal "chupa" a água – ela vai aparecer como gotinhas de suor na berinjela.

5. Salgue os dois lados de cada rodela e espere uns 5 minutos. Com a ajuda de um pano de prato limpo, ou papel-toalha, seque as gotinhas que vão aparecer.
6. Coloque a frigideira no fogo médio e chapeie as rodelas, virando o lado várias vezes até ficarem coradas. Aqui use o quanto necessário daquela meia xícara de azeite, lembrando que é um fio que você precisa para chapear as berinjelas.

Se tiver pouco espaço na frigideira, faça uma por vez – é importante virar bastante a rodela para ela não queimar.

Chapear quer dizer cozinhar numa superfície quente, como uma chapa de padaria ou uma frigideira.

7. Depois que suas rodelas estiverem todas pronta passe para uma assadeira e leve ao forno. O forno é para deixar as rodelas bem sequinhas e crocantes, quase como chips. Neste caso, quase que chips de berinjela. Esse processo pode demorar de 20 a 30 minutos.

Para ajudar a secar, tem uma técnica bem legal que é colocar uma colher de pau, uma latinha de refrigerante amassada, qualquer coisa que possa segurar a porta do forno entreaberta. Isso serve para ventilar o interior do forno, e faz com que os alimentos desidratem – percam a água e fiquem sequinhos.

Sumagre é um tempero muito usado no norte da África, e tem um gostinho ácido (como um limão) e um pouco floral. Vale a pena experimentar aqui, ou em couve-flor, pipoca, grão-de-bico - porque não inventar?

8. Enquanto as rodelas estão no forno, é hora de preparar a cobertura da esfiha com a outra berinjela que já assou. Com a ajuda de uma colher, raspe todo o centro dela e passe para uma cumbuca. Misture bem uma colher de azeite, uma ou duas pitadas de sal e, se for usar, o sumagre.

9. Retire as rodelas do forno se já estiverem prontas. Elas não precisam estar crocantes, ou desidratadas... basta as bordas estarem mais sequinhas e rígidas, que o centro pode ficar mais macio – o que, aliás, é ainda mais parecido com uma esfiha.

10. Coloque uma colher de chá ou duas do recheio sobre cada rodela e pode servir! Se quiser, você pode até colocar as esfihas montadas no forno por 1 minuto ou 2 para servir tudo bem quentinho e, se estiver usando o sumagre, pode colocar mais uma pitadinha sobre as suas esfihas.

ANOTAÇÕES

NUGGETS

tempo de preparo: 40 minutos
serve: 4 pessoas

INGREDIENTES:

Quinoa 2/3 copo
Água 1 e 1/3 copos
Farinha comum 1/4 copo
Queijo minas frescal 1/4 copo (amassado no garfo)
Sal 2 colheres de café
Brócolis 1 unidade
Ovo 1 unidade tamanho grande
Gema de um ovo (além do ovo acima)
Farinha panko ou de rosca 2 xícaras
Óleo de girassol para fritura

VOCÊ VAI PRECISAR DE:

Ralador
Panela média
Frigideira com tampa
Frigideira funda ou caçarola para fritar
Escumadeira
Cumbuca grande
Assadeira
Papel-manteiga

Se a sua frigeira não tiver uma tampa só dela, pode usar outra! É so cobrir toda a boca da frigideira.

Nuggets, nuggets, nuggets! Quem não gosta desse petisco? E mesmo sendo frito, ainda é muito saudável. Como assim? Uma fritura bem feita, com bons ingredientes, não vai fazer mal, principalmente se for para comer de vez em quando. Esses daqui são deliciosos, crocantes e verdinhos.

NUGGETS

PASSO A PASSO

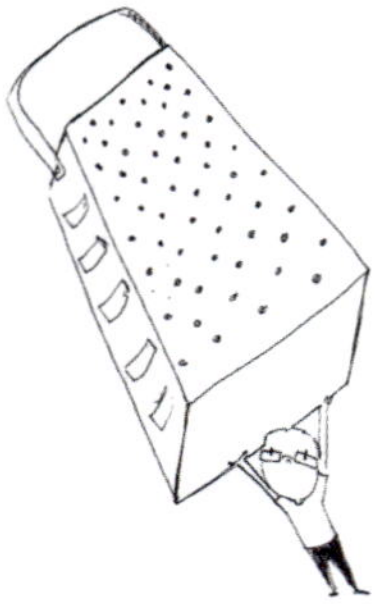

1. Lave bem o brócolis.
2. Prepare a quinoa: leve a frigideira em fogo alto; quando estiver bem quente, jogue a quinoa e toste os grãos até ficarem douradinhos (mais ou menos 5 minutos) mexendo o tempo todo. Acrescente a água e quando ferver reduza para fogo baixo.
3. Deixe a quinoa cozinhando até toda a água sumir (uns 11-12 minutos). Cubra a frigideira com a tampa, tire do fogo e deixe coberto por mais 15 minutos. Nesse tempo os grãos vão acabar de cozinhar.
4. Retire a tampa e deixe a quinoa esfriar.
5. Enquanto você espera esfriar, rale o brócolis usando o lado mais grosso do ralador.
6. Em uma cumbuca, misture a quinoa cozida (já fria), a farinha e o sal. Mexa bem para cobrir todos os grãos.
7. Adicione o brócolis ralado, o ovo e a gema de ovo na mistura e mexa tudo até virar uma massa uniforme (faça com o máximo de cuidado para os grão de quinoa não quebrarem muito).
8. Forre uma assadeira, ou prato grande com papel-manteiga.
9. Use duas colheres de sopa para fazer *quenelles*, com a massa. Esses vão ser os seus nuggets! Conforme os nuggets forem ficando prontos, coloque na assadeira forrada com papel-manteiga.
10. Coloque óleo na caçarola ou frigideira funda: você vai precisar de bastante óleo, pode encher sua caçarola/frigideira até uns 3 dedos da borda.
11. Coloque a caçarola/frigideira em fogo alto para esquentar o óleo – muito cuidado aqui, sempre peça a ajuda de um adulto para mexer em óleo quente.

Se não tiver nenhuma tampa mesmo, pode usar um papel-alumínio!

Você pode tentar outras versões com os buracos mais fininhos do ralador também.

O papel-manteiga não deixa a massa grudar na assadeira!

Quenelle é um bolinho ovalado que se faz usando colheres de sopa. Encha uma colher de massa e passe para a outra raspando as beiradas uma da outra – repita várias vezes até o bolinho ficar num formato bonito. Se for muito difícil, faça os bolinhos na mão: passe um pouco de farinha nas mãos e forme bolinhas ovaladas.

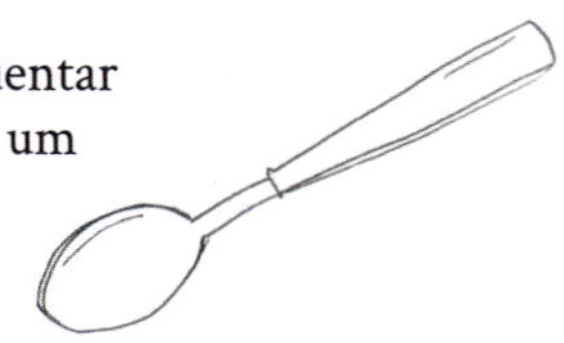

12. Forre um prato com bastante papel-toalha e deixe perto do fogão.

13. Em um prato fundo, coloque sua farinha (panko ou de rosca). Empane de leve cada nugget e já passe para a caçarola ou frigideira funda com o óleo quente.

14. Não coloque muitos nuggets de uma vez só na frigideira – é melhor se eles não ficarem se encostando. Mexa de vez em quando com uma escumadeira, até seus nuggets ficarem bem dourados (mais ou menos 5 minutos cada lote). Quando um lote ficar pronto, tire da frigideira com a escumadeira e coloque no papel-toalha para secar. Aí é só repetir até estarem todos prontos.

15. Seque um pouquinho mais os nuggets com mais papel-toalha e é só devorar!

OPÇÃO

Nuggets no forno

Se você não quiser mexer com fritura, também pode fazer os nuggets no forno! Também ficarão muito gostosos. Siga os passos anteriores até o 9, depois continue a partir daqui.

10. Preaqueça o forno a 180 graus (pode levar uns 15 minutos até o forno esquentar). Enquanto o forno esquenta, empane os seus nuggets. Em um prato fundo, coloque sua farinha (panko ou de rosca). Empane de leve cada nugget e coloque de volta na assadeira.

11. Quando todos estiverem empanados, regue com bastante azeite, e pode colocar no forno. Em 15 a 20 minutos estarão prontos para comer!

PICOLÉ DE BETERRABA E MORANGO

tempo de preparo: ativo 20 minutos, com espera de 4-8 horas
serve: 4 pessoas

INGREDIENTES:

Iogurte 1 xícara

Beterraba 1 unidade (tamanho médio)

Morango 10 unidades

Suco de laranja 1/2 xícara

Melaço de cana 2 colheres de sopa (você pode substituir por mel)

Sal 1 pitada

Palitos de sorvete

VOCE VAI PRECISAR DE:

Liquidificador

Peneira

Forma de gelo ou forminhas da sua preferência

Freezer

Fazer picolé é uma brincadeira saudável, refrescante e criativa, e você não precisa de muita coisa para fazer um gostoso. Nesta receita aqui você vai ver um pouco da versatilidade da beterraba, mas vale usar qualquer fruta, legume, ervas, temperos... As forminhas também podem ser parte da diversão. Experimente com forminhas de gelo, silicone, copinhos descartáveis, recipientes...

PICOLÉ DE BETERRABA E MORANGO

PASSO A PASSO

1. Lave a beterraba.
2. Bata a beterraba, o suco de laranja, o melado e o morango no liquidificador até ficar bem homogêneo.
3. Passe tudo que foi batido pela peneira.
4. Misture esse suco ao iogurte, mexendo delicadamente para que eles não se misturem completamente. O objetivo aqui é deixar um efeito marmorizado nesta mistura, o que, além de criar pedaços de sabores diferentes no picolé, ainda dá um visual bem bacana.
5. Preencha as forminhas, espete os palitos de picolé e deixe no freezer de 4 a 8 horas pelo menos.
6. Para desenformar, pegue uma assadeira e encha com água fria até metade da altura da forma. Coloque a forminha na assadeira com água, espere uns dois minutos e tire o picolé do molde. Aproveite!

Isso é para tirar pedacinhos das frutas ou da beterraba do suco.

ANOTAÇÕES

BOLO DE BERINJELA

tempo de preparo: ativo 20 minutos, com espera de 30-40 minutos
serve: 4 pessoas

INGREDIENTES:

Berinjela 1 unidade

Açúcar de confeiteiro aproximadamente 50g, 1/2 xícara

Manteiga sem sal, derretida 1/2 xícara

Açúcar 1 xícara

Chocolate em pó sem açúcar 1/4 de xícara

Essência de baunilha 1 colher de chá

Vinagre branco 1 colher de chá

Sal 1 pitada

Ovos 2 unidades, levemente batidos

Farinha 3/4 de xícara

Óleo para untar

Opcional: **corante alimentício*** **vermelho ou lilás** 2 colheres de sopa

VOCÊ VAI PRECISAR DE:

Fuê (batedor de arame) ou uma colher de pau

Peneira pequena

Forno micro-ondas ou panela para derreter a manteiga

Assadeira pequena/média (22cm de largura)

Descascador de batatas

Batedor elétrico

Forno

* hoje em dia você encontra corantes orgânicos e naturais em lojas especializadas. Ele é opcional, mas deixa o bolo lindo.

É normal que, conforme o tempo passe, o gosto das pessoas mudem, e algumas receitas bem interessantes vão saindo do gosto popular. Esta receita aqui é uma dessas: um tipo de brownie do sul da Itália que podia ser preparado com berinjela – que combina super com chocolate. Apesar de talvez soar estranho, o sabor é uma delícia – na cozinha não tem regra do que combina com o que, só experimentando para descobrir.

BOLO DE BERINJELA

PASSO A PASSO

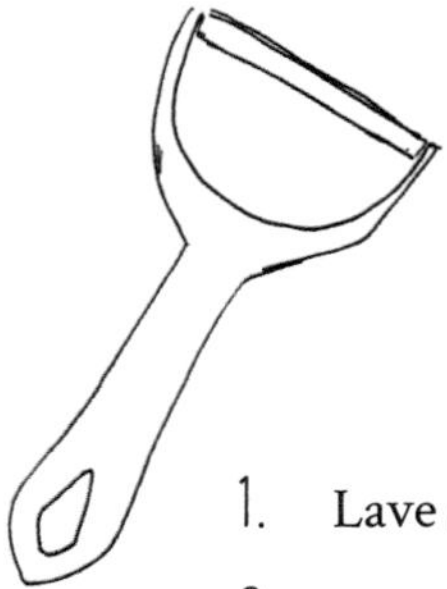

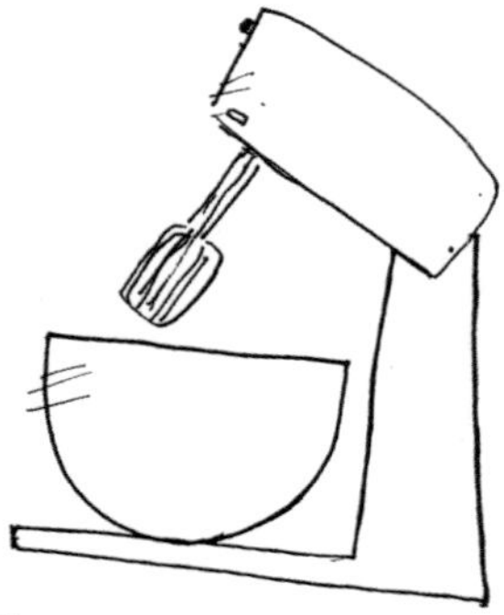

1. Lave a berinjela.
2. Preaqueça o forno a 180ºC.
3. Usando do descascador de batatas, tire lâminas da berinjela por comprido. Vamos precisar de poucas, umas 5 lâminas. O suficiente para cobrir e decorar o bolo. Polvilhe as lâminas com o açúcar de confeiteiro, dos dois lados.
4. Passe as lâminas direto para a grade do forno – isso ajuda a assar mais rápido. A gente quer que a textura das lâminas fique parecida com um biscoito de berinjela. Esse processo é rápido, coisa de 5 minutos. Depois pode tirar do forno e deixar separadas, mas não desligue o forno. Você ainda vai precisar dele.

Untar quer dizer espalhar alguma coisa oleosa ou gordurosa sobre outra - a ideia aqui é que a massa do bolo não grude na assadeira.

Para ajudar a secar, use a técnica da porta do forno entreaberta, que aparece na esfiha de berinjela na página 80.

5. Derreta a manteiga sem deixar queimar e separe os ingredientes que têm medida.
6. Unte a assadeira com um fio de óleo ou com manteiga mesmo.
7. Misture com o fuê (ou a colher de pau) a manteiga derretida e o açúcar normal. Coloque um por vez o chocolate em pó, o corante da sua preferência, a essência de baunilha, o vinagre, o sal, tomando cuidado para tudo combinar bem e não criar “bolinhas” na massa. Por fim coloque os ovos levemente batidos e misture bem.

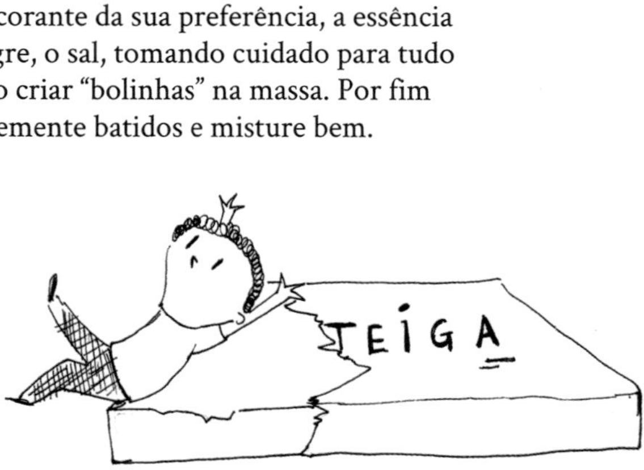

8. Adicione a farinha, mexendo o suficiente para ela também se misturar com o resto da massa.

9. Passe a massa do bolo para a assadeira untada. Coloque as lâminas de berinjela por cima da massa do bolo, do jeito que você achar mais bonito.

10. Leve ao forno, desta vez totalmente fechado! Cozinhe por 30-35 minutos (mais ou menos) ou até o bolo estar pronto.

11. Tire o bolo do forno e espere esfriar para tirar da forma e cortar. Se quiser, pode polvilhar o restante do açúcar de confeiteiro por cima do bolo, vai ficar mais bonito ainda!

Um jeito bom de ver se o bolo está pronto é espetar um palito no centro, se sair sequinho é porque o bolo está pronto. Se estiver melado, espere mais um pouco.

Para desenformar o bolo, passe uma faquinha sem ponta, ou até o cabo de um talher, entre o bolo e a lateral da assadeira. Depois, coloque um prato ou tábua de cortar grande (que cubra toda a assadeira) sobre a assadeira, vire tudo de cabeça para baixo e dê umas batidas firmes no fundo da assadeira. Agora é só colocar outro prato onde estava a assadeira e desvirar o bolo novamente.

ANOTAÇÕES

BISCOITO DE CENOURA

E CHOCOLATE

tempo de preparo: ativo 20 minutos, com espera de 20 minutos

serve: 4 pessoas

INGREDIENTES:

Cenoura 1 unidade
Aveia 1 colher de sopa
Amendoim 1/2 xícara
Óleo de girassol 1/2 xícara (qualquer óleo serve, mas usamos de girassol por ser de alta qualidade)
Açúcar 2/3 de xícara
Farinha comum 1 e 1/2 xícaras
Fermento químico 1 colher de chá
Chocolate ao leite 1/2 xícara
Opcional: **cereal matinal** (de preferência sem açúcar) 1 xícara

VOCÊ VAI PRECISAR DE:

Processador (se não tiver dá para usar um liquidificador)
Assadeira
Espátula de silicone
Ralador
Papel-manteiga

A cenoura é um alimento muito versátil. Quem de nós nunca comeu na salada, como aperitivo, no prato principal e até na sobremesa? Bolo de cenoura é um clássico na vida de quase todo mundo. Aqui vamos levar a graça de usar esta raiz como sobremesa para um novo prato. Cookie, bolacha, biscoito, não importa como chame, este é de cenoura!

BISCOITO DE CENOURA E CHOCOLATE

PASSO A PASSO

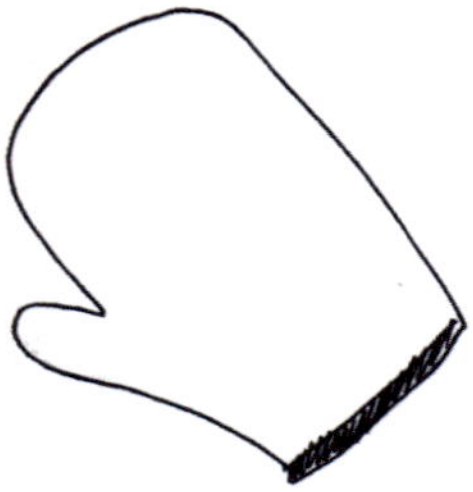

1. Lave a cenoura.
2. Preaqueça o forno a 160ºC.
3. No processador/liquidificador bata o amendoim, a cenoura, o açúcar e o óleo.
4. Em uma cumbuca, misture a farinha e o fermento. Passe a mistura que estava no processador para a cumbuca.
5. Misture bem e, depois, acrescente a aveia e o chocolate, deixando a massa toda igualzinha.
6. Forre a assadeira com o papel-manteiga. Faça bolotas com a massa usando as mãos ou uma colher, e coloque na assadeira com um bom espaço entre elas.
7. Quando todas as bolotas estiverem na assadeira, pressione cada uma delas um pouco com a mão para virarem um disco. Assim seus biscoitos vão cozinhar por inteiro.
8. Leve a assadeira ao forno e asse por 15 a 20 minutos, até os biscoitos ficarem coradinhos por cima (vale tirar um com cuidado para experimentar antes de tirar a assadeira toda do forno).
9. Retire do forno, espere esfriar e *nhac*!

O papel-manteiga não deixa os biscoitos grudarem no fundo da assadeira. Dá para usar este truque em outras receitas também.

Experimente bolotas de tamanhos diferentes: menores fazem biscoitos mais sequinhos e crocantes, maiores, biscoitos mais molhadinhos no meio.

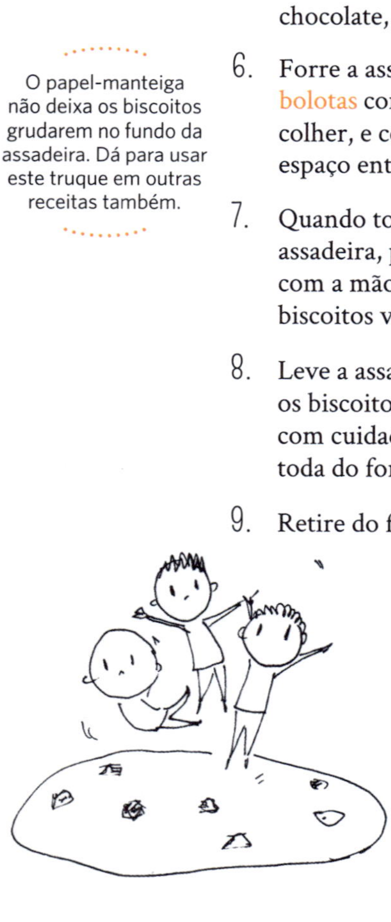

É importante deixar um espaço entre os discos porque a massa vai crescer quando assar. Sem ele, os biscoitos vão grudar um no outro e não vão assar direito.

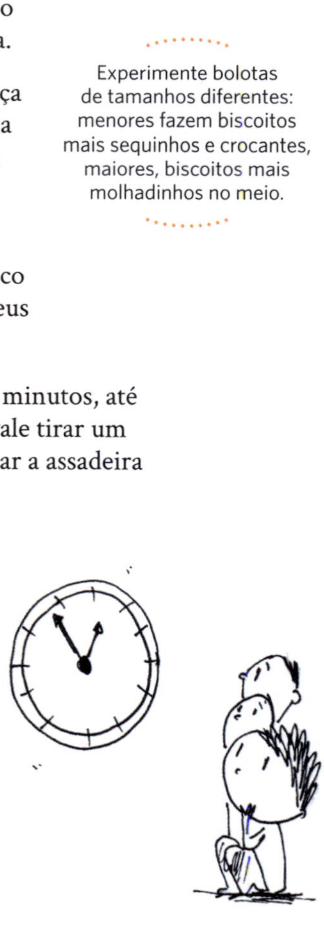

ANOTAÇÕES

MILHADEIRO

(brigadeiro de milho)

tempo de preparo: ativo 50 minutos, com espera de 1-2 horas

serve: 4 pessoas

INGREDIENTES:

Leite condensado 1 lata (395g)

Milho in natura 1 espiga com a palha (opcional)

Água: muita, para cozinhar o milho

Farinha de fubá mimoso 1 colher de sopa

Creme de leite 1 lata (300g)–(com o soro)

Leite integral 3 colheres de sopa

Erva-doce ou funcho 1 colher de sopa rasa (opcional)

Leite em pó 1 xícara (para decorar)

Açúcar 1 colher de sopa (para decorar)

Farinha de milho flocada 2 xícaras (para decorar)

Manteiga para untar as mãos e enrolar o milhadeiro

VOCÊ VAI PRECISAR DE:

Forno

Fogão

Panela média

Liquidificador

Peneira grande

Espátula de silicone ou colher de pau

Papel-filme

O brigadeiro talvez seja o mais brasileiro dos doces: ele aparece feito em casa na festinhas de aniversário e até em versões diferentonas em lojas especializadas. Este daqui é um brigadeiro "caipira", feito com milho fresquinho, ainda na espiga e até palha entra na receita! O segredo é que essa palha carrega muito do gosto do milho, e é para aproveitar todo esse sabor que ela entra aqui.

MILHADEIRO (brigadeiro de milho)

PASSO A PASSO

Entre a palha e a espiga tem uns cabelinhos - esses você joga fora. Se ficarem alguns presos na espiga, não se preocupe: você pode tirar depois de cozinhar.

1. Retire as palhas da espiga de milho e lave bem tanto as palhas como a espiga.
2. Preaqueça o forno a 180ºC e coloque uma panela grande com água no fogo alto, para ferver.
3. Coloque as folhas de palha do milho no forno (pode ser direto na grade ou numa assadeira) até ficarem secas, douradas e perfumadas. Isso leva de 20-30 minutos.
4. Cozinhe o milho na água fervente, com a panela tampada, por 10 minutos. Tire do fogo, espere esfriar.
5. Tire os grãos de milho da espiga: para fazer isso, corte (ou quebre com as mãos) a espiga no meio e encoste a parte cortada sobre uma tábua. Aí, com uma faquinha de serra, vá cortando o mais pertinho da espiga que conseguir.
6. Quando a palha estiver dourada e seca, tire do forno, espere esfriar por uns 5 minutos e triture bem fino no liquidificador. Deixe esse pó separado para decorar o seu milhadeiro.
7. Bata o milho debulhado com o leite e o funcho no liquidificador na função pulsar. Adicione o creme de leite e vá batendo no pulsar até tudo que está dentro ficar bem misturado.
8. Passe o conteúdo que está no liquidificador pela peneira grande. Este processo é lento e chato, mas vale a pena. Se quiser pular essa etapa de peneirar, vai dar certo também: o milhadeiro vai ficar até mais saudável, mas vai ter carocinhos na massa.
9. Misture o leite condensado e o fubá mimoso em uma panela média sem pôr no fogo. Depois, acrescente o creme de milho e o funcho que você bateu no liquidificador, misturando bem até ficar uniforme.

Isso se chama "debulhar". Faça sempre com a ajuda de um adulto.

Tem que ter água o bastante para cobrir a espiga inteira do milho. Na dúvida, é melhor sobrar água do que faltar.

Não precisa nem lavar, o restinho de palha que ainda estiver no liquidificador vai deixar a massa até mais gostosa.

Pulsar é a função em que o liquidificador não fica ligado direto - a cada apertada do botão ele dá uma batida no que tem dentro.

Uma das maneiras de ver o ponto da massa de milhadeiro é passar a espátula no fundo da panela bem devagar. A massa tem que demorar para se juntar novamente. Outra dica é perceber quando a massa para de borbulhar, mesmo com o fogo ligado.

10. Coloque a panela no fogo médio, mexendo bem com a espátula ou colher de madeira. Vai demorar uns 15 minutos mais ou menos para a massa chegar no ponto certo. Não desista! Quando chegar no ponto, desligue o fogo.

11. Estique uma faixa de papel-filme em um balcão ou mesa, mas sem cortar do rolo. Derrube seu milhadeiro sobre o filme, cubra com mais filme (depois desse passo pode cortar o filme do rolo!), fechando a massa em um envelope. A ideia é ele ficar totalmente protegido da ação do ar.

12. Espere esfriar de 1 a 2 horas pelo menos. Quer um brigadeiro nota mil? Espere 8 horas e você terá ainda mais textura e qualidade.

13. IMPORTANTÍSSIMO! Nunca coloque o brigadeiro na geladeira antes de enrolar, ou até mesmo depois de feito. Nesse ambiente frio ele vai cristalizar e pegar umidade, o que deixa qualquer granulado ou cobertura molenga e com menos sabor.

A palha tostada vai dar um um gostinho caramelado e defumado para este milhadeiro, uma delícia!

14. Quando o brigadeiro estiver bem frio, faça o granulado. Em um prato fundo, misture o leite em pó, a palha tostada e triturada, o açúcar e a farinha de milho flocada. Use uma colher para misturar bem e tente quebrar um pouco os flocos de milho.

15. Hora de enrolar os milhadeiros! Unte as mãos com manteiga. Use uma colher para pegar um pouco da massa (você que decide o tamanho do seu milhadeiro) e colocar na mão. Enrole até fazer uma bolinha e, depois, role essa bolinha no seu granulado.

16. Agora é só chamar os amigos e devorar essa delícia!

Texto: Clarice Uba
Ilustrações: Felipe Tognoli
Receitas: Piero Franchini
Projeto gráfico e diagramação: Ainá Calia
Capa: Ainá Calia e Felipe Tognoli
Revisão de texto: Daniela Marini Iwamoto

Dados Internacionais de Catalogação na Publicação - CIP

U12

Uba, Clarice
O que a gente come Histórias e receitas do que aparece no seu prato / Clarice Uba. Ilustração de Felipe Tognoli. Receitas de Piero Franchini. – São Paulo: Lume Livros, 2017.
104 p.; Il.

ISBN 978-85-919672-9-2

1. Alimentos. 2. História dos Alimentos. 3. Culinária. 4. Receitas. 5. Culinária Infantil. 6. Alimentação Saudável. 7. Literatura Infanto-Juvenil. 8. Brócolis. 9. Beterraba. 10. Cenoura. 11. Berinjela. 12. Batata. 13. Repolho. 14. Tomate. 15. Milho. I. Título. II. Histórias e receitas do que aparece no seu prato. III. Tognoli, Felipe, Ilustrador. IV. Franchini, Piero.

CDU 82-93
CDD 028.5

Catalogação elaborada por Ruth Simão Paulino

Impresso na gráfica RR Donnelley

Primeira edição, Novembro de 2017

Lume Livros Editora Ltda - ME.
Rua Sebastião Rodrigues 303 - Vila Madalena
CEP 05451-060- São Paulo - SP
Tel. +55 11 37914719
contato@lumelivros.com
www.lumelivros.com